La formation au coaching

isbn 978 285090 614 5

Marie-Hélène DINI
Béatrice WATTEL

LA FORMATION AU COACHING

Déontologie et savoir-être

Éditions Bussière
34 Rue Saint-Jacques
75 005 Paris

À mes enfants, avec un immense merci
pour ce que l'amour que je leur porte
m'a permis de réaliser.

« On ne peut rien apprendre aux gens.
On peut seulement les aider à découvrir
qu'ils possèdent déjà en eux
tout ce qui est à apprendre. »

Galilée

PRÉFACE

Quel que soit le chemin parcouru par un homme,
Il se tromperait grandement
s'il croyait ne pouvoir aller au-delà.

Lanfranc

Ce livre s'adresse en priorité à celles et à ceux qui envisagent de faire du coaching une activité professionnelle importante, voire principale. Qu'ils se rendent compte, en le lisant, qu'au-delà de l'activité professionnelle, c'est bien un voyage de vie dans lequel ils s'embarquent. Voyage d'une grande exigence dont je trouve que la meilleure description est exprimée par Benoit dès le Vème siècle, le premier et peut être le plus grand des coachs : humilité, sérieux, respect (Règle St Benoit : 47 ; 4).

L'humilité : c'est le sens du réel et donc de l'expertise et de l'enracinement de la personne accompagnée dans son contexte. C'est ce sens de mes limites qui me fait réaliser, en tant que coach, que je ne suis pas un sachant, et que je ne peux donc avoir de solutions ou de projet pour la personne, même si une solution à son problème me semble évidente. Car alors, en effet, je serais dans le jugement, et donc dans l'arrogance.

L'humilité, c'est aussi la liberté de n'avoir pas d'enjeux liés à la problématique ou à la thématique de travail de la personne, qui me permet la prise de recul, de distance, et m'évite de me sentir impliqué. Enfin, c'est l'acceptation que je puisse peut-être l'aider... ou peut-être pas, que j'aie l'obligation de mettre mes moyens et mon énergie à son service, mais que le résultat lui appartienne et que je ne sois pas dans la toute-puissance.

Le sérieux : c'est la perception de ma responsabilité, professionnelle en tant que coach certes, mais pas que... Le sérieux ne s'oppose pas à la joie et à l'humour, mais plutôt à la légèreté et à la désinvolture. Prétendre aider les gens implique sérieux et professionnalisme, il n'y a pas de place pour l'amateurisme, c'est une affaire grave, au sens où elle nécessite de la « gravité ». Comme un lest de bateau qui lui permet de toujours revenir droit, même quand la mer est agitée. En tant que coach, je me dois de trouver mon centre de gravité et m'y tenir avec constance et solidité pour que la personne accompagnée puisse s'y appuyer.

Le respect : c'est la manifestation du sérieux et de l'humilité qui modèle une attitude tant extérieure que surtout intérieure. Respect de soi même, respect d'autrui, respect des choses et des situations qui sont les fondements d'une relation bienveillante à l'autre. Respect de mon coaché qui va me permettre d'être attentif à ses signaux faibles, à son rythme d'avancement, à ses résistances éventuelles.

Finalement, on pourrait résumer ces trois notions par cette qualité de présence qui est le signe de la profondeur d'un être. Tout un chemin de vie...

Ainsi, dans la pratique, c'est bien d'une « posture » dont il est question, que le futur coach va devoir développer. Au-delà des outils indispensables, c'est ce travail sur soi que l'école de coaching va devoir accompagner dans une relation entre professeur et élève qui est, en fait, la modélisation d'une relation de coaching. Ainsi donc, en tant que futur Coach, il va s'agir d'abord d'être moi-même accompagné. De comprendre et ressentir le besoin de temps d'une part et d'une démarche appropriée d'autre part. Pour vivre de l'intérieur, comment une relation d'accompagnement bienveillante et sans jugement peut-elle libérer la parole et permettre des prises de conscience qui font avancer, à mon rythme pour me sensibiliser à l'acceptation du rythme de mes futurs coachés.

C'est toute cette approche très particulière à ce métier qui est développée dans ce livre. C'est un très beau métier. Je partage les inquiétudes de l'auteur sur les risques qui pèsent sur lui. Par le truchement des associations professionnelles, mais aussi par notre propre posture et la façon dont nous en parlons tous les jours, nous devons, peu à peu, faire comprendre au public et aux administrations qui nous gouvernent qu'il est bien difficile de légiférer la subtilité et le sens de l'accueil de l'autre.

Bonne lecture et bon chemin de développement.

Thierry GACHES
Ancien Président de l'EMCC France,
l'Association Européenne de Coaching
La fédération professionnelle de 6000 coachs
en Europe.

AVANT - PROPOS

Loin d'un énième livre sur le métier de coach, cet ouvrage est une réflexion sur cette profession, certes, mais une vision différente, plus approfondie, plus globale sur les valeurs, les qualités, les richesses et les diversités du métier de coach. Il est également une réflexion sur sa formation et le cheminement qu'elle nécessite, sa déontologie, son avenir, tout autant que sur les risques encourus à mal initier ce métier.

À mille lieues d'en vanter seulement les plaisirs et les qualités, d'en présenter ses défauts et ses travers, il veut répondre à la volonté de préciser sous un autre angle la réalité de ce qu'est la formation au coaching, ce qu'elle devrait nécessairement être, mais aussi ce qu'est l'état de coach et ce que cet état englobe, ce qu'il requiert et la réalité de ce métier, de son exercice. Loin d'une image d'Épinal trop souvent présentée et de l'imposture du miroir aux alouettes que cette vision édulcorée suscite, il en montre certes les atouts, mais aussi les difficultés d'être, de devenir coach au cours du cheminement initiatique qui fait d'un être en recherche aujourd'hui, un être de référence demain, un soutien, un guide. Il a aussi pour ambition de révéler comment est-ce qu'en tant qu'école, en tant que directrice de cet organisme, en tant que formateurs et coachs, au fil des années et des personnes que nous avons formées, nous envisageons ce métier, nous percevons son avenir, son devenir, ce qu'il est important de transmettre à de futurs coachs et ce qu'il est primordial de préserver.

DEVENIR COACH

Le monde des coachs aujourd'hui

Aujourd'hui, la réalité du terrain n'est que diversité. Si l'on se réfère au baromètre publié en octobre 2010 par la Société Française de Coaching[1] – le premier organisme à avoir analysé la profession et ses pratiques – en France le métier de coach est pratiqué majoritairement par des femmes (64 % contre 36 % d'hommes) entre 45 et 60 ans. La plupart ont exercé souvent pendant plus de quinze ans des fonctions à haut niveau de responsabilités en entreprise et ont un niveau d'études élevé, un diplôme de 3e cycle ou un doctorat, ainsi qu'une formation de longue durée dans le champ psy. En outre, la quasi-totalité d'entre eux a reçu une formation spécifique au coaching et continue tout en exerçant de suivre à la fois des formations, des conférences, une supervision et un groupe d'échange de pratique. Leurs champs de référence multiples sont principalement l'analyse systémique, Palo Alto, l'analyse transactionnelle et la PNL.

S'ils sont pour la plupart membres d'une organisa-

1– *La Pratique du coaching en France. Baromètre 2010*, Société Française de Coaching, octobre 2010.

tion professionnelle, les coachs interrogés sont toutefois très peu à exercer une responsabilité élective au sein d'une organisation professionnelle (seulement 19 %), mais 92 % d'entre eux adhèrent à un code de déontologie professionnel, majoritairement à celui de la Société Française de Coaching. Ceux qui travaillent à l'étranger exercent principalement leur activité en Europe occidentale, mais c'est en Ile de France que se concentrent la plupart d'entre eux.

Si le coaching individuel en entreprise représente la plus grande partie de leur chiffre d'affaires, il n'est toutefois que 50 % de leur activité. La plus grande majorité d'entre eux (98 %) exercent une autre activité, principalement en formation management, en conseil et en bilan de compétences et réalisent en moyenne, au cours d'une année, entre 5 et 20 opérations de coaching, le plus souvent en entreprise. Ils sont en majeure partie officiellement référencés dans une à trois entreprises du secteur tertiaire, cible des coachs.

Dans plus de la moitié des cas, le coaching individuel en entreprise, principalement auprès d'entreprises privées ou internationales, a pour objectif le développement du leadership, l'élargissement des responsabilités, le changement de poste, l'amélioration du fonctionnement des équipes, de la communication et de la collaboration. Il s'agit d'un coaching de quatre à huit mois suivi dans 69 % des cas d'une rencontre quelques mois après la fin du coaching.

La majorité des coachings de particuliers, les coachings de vie, durent de cinq à dix séances. Ces coachings répondent à une transition de carrière, un changement personnel, mais ils émanent aussi d'individus en fonction qui ne veulent pas demander ce coaching par le biais de leur entreprise.

Cependant, ces données officielles ne dévoilent qu'un aspect de la réalité du métier en ne prenant pas en compte les problèmes de formation à cette profession, les difficultés de certaines écoles ou de certains centres de formation, et plus encore l'anarchie qui règne en ce domaine où tout un chacun peut se dire coach comportemental, coach en relooking, en mode, en cuisine, en sport, en diététique... en raison de l'absence d'une réglementation, d'une déontologie voulue, obligatoire et respectueuse de l'identité du métier de coach et de ses valeurs et non une réglementation administrative parcellaire appliquée sans réelle prise en compte des spécificités, comme c'est malheureusement le cas de nos jours pour certains secteurs.

De fait, de grandes écoles de coaching bénéficiant d'une certaine reconnaissance n'étaient pas prêtes à une qualification étatique et voient aujourd'hui leur avenir compromis. Finalement demain, ce sont les écoles qui auront la qualification de l'État qui perdureront. Leur survie dépendra de leur capacité à répondre à la réglementation. Il est indéniable que 75 % du secteur risque de disparaître. Déjà durant l'année 2015, 25 % des écoles et centres de formation ont déjà disparu. À compter du 1er janvier 2017, nous devrons répondre à des critères de qualité, mais ils nous sont encore méconnus quelques mois auparavant.

En ce qui concerne le métier de coach, malheureusement, la société ne retient que ce que les médias véhiculent le plus, soit l'image du coach sportif. C'est dans la société, l'image de quelqu'un qui sait et qui va transmettre des conseils sûrs comment faire. Alors qu'en fait, nous sommes plus proches du psychothérapeute, de la posture d'aide et d'écoute, et fort loin des coachs déco, des coachs minceur en complète opposition avec ce qu'est et doit être cette activité, une vraie profession respectueuse des règles et des êtres. Un vrai métier sur lequel les professionnels se sont penchés et sur lequel l'on est capable de nos jours d'établir des grilles de compétences.

C'est effectivement en décembre 2012 que les trois fédérations de coach françaises ont publié une déclaration commune[2] visant à permettre de reconnaître un coach

2– *Coaching professionnel. Déclaration commune, Comment reconnaître un coach professionnel ?* www. Coach-pro.org, CNCF, décembre 2012.

professionnel et à décrire ses activités. D'après cette déclaration visant à insuffler une certaine déontologie, le coach se doit de faciliter l'identification de problématiques professionnelles, de remettre en mouvement les ressorts de l'individu et d'aider la personne à identifier et atteindre ses propres objectifs. La finalité du coaching étant l'autonomie de la personne ou de l'équipe accompagnée pour gérer avec recul ses problématiques, et mettre en œuvre ses propres solutions adaptées à son environnement professionnel et personnel. Le coach est un facilitateur dont l'action s'inscrit dans une logique opérationnelle. Selon cette même déclaration, le coach doit s'engager à respecter la confidentialité et le secret professionnel comme le cadre déontologique qui le définit, il doit avoir conscience de sa posture d'accompagnant et s'interdire tout abus d'influence. En outre, dans le domaine de l'accompagnement par le coaching, le coach qui en a la pleine responsabilité s'engage à respecter une éthique du métier afin de construire une relation empathique, d'appliquer les principes de base de la relation d'aide en utilisant un modèle approprié, de définir la situation présente et la situation désirée à l'aide d'une grille structurée, de conduire des entretiens d'aide et/ou exploratoires, de renforcer la motivation du client et d'accompagner la personne dans la réalisation de l'objectif, d'identifier et de définir les ressources existantes et potentielles en renforçant la valorisation et la motivation par le feedback, de repérer les freins et les blocages, d'évaluer les résultats avec le client, de pratiquer une veille permanente sur les métiers du coaching à travers des actions fédératives et de formation permanente.

En terme comportemental, le coach doit avoir des compétences d'écoute à plusieurs niveaux (verbal, non verbal et para verbal), une maîtrise de la communication, une capacité d'observation par prise de distance (méta position – prise de hauteur) qui nous sont propres et que nous avons créées.

Lorsque nous nous sommes lancés dans l'aventure en 2004, le recours au Coaching n'apparaissait plus seulement comme un effet de mode, mais déjà comme une pratique en progression.

D'une aide en cas de difficulté, le coaching a été perçu à partir de 2008 comme un levier de développement pour l'entreprise notamment puis, à partir de 2011, la pratique est devenue davantage un accompagnement de la croissance, du changement. L'exigence de déontologie et le sens du résultat se sont imposés pour convaincre des clients confrontés à la multiplication des prestataires et des types d'accompagnement. Les coachs ont dû se professionnaliser dans un cadre reconnu par les entreprises et les particuliers, à savoir par une certification. La profession n'étant pas réglementée, la certification a apporté un critère de sélection important, elle est devenue incontournable. Elle est le gage pour le client de la compétence de la personne chargée de l'accompagner. Elle permet de répondre à une double demande dans une profession en croissance : celle des coachs qui souhaitent acquérir une certification professionnelle dans le cadre de leurs parcours professionnels et celle des clients qui cherchent à identifier des coachs certifiés en s'assurant de la qualité intrinsèque d'une formation tant sur le plan technique que sur le plan opérationnel.

Une demande de professionnalisation qui se renforce depuis une dizaine d'années. En effet, selon l'enquête réalisée par SF Coach : 92 % des coachs continuent à se former tout au long de la vie et 33 % ont l'intention de continuer dans la voie de professionnalisation pour passer prochainement une certification d'un niveau supérieur à celles qu'ils détiennent actuellement.

Ainsi, tout le monde ne peut se dire coach, vouloir et pouvoir exercer cette profession, sans un réel travail sur soi, sans en connaître les différents outils et surtout sans savoir les utiliser.

Selon nous, la profession de coach est un métier qui doit être transmis de façon particulière, parce qu'il est une activité particulière qui ne peut s'enseigner comme aucune autre matière. S'il n'y a pas de formation habituelle en ce domaine, c'est qu'il n'y a pas seulement des connaissances et pas seulement des techniques déterminées qui le composent et le définissent. Si en effet ces connaissances et ces techniques existent et sont utiles, il y a avant toute chose une dimension relationnelle fondamentale dans laquelle il y a le coach et le coaché, ensemble et en face à face. Il est donc primordial de travailler fondamentalement sur le coach, de le faire travailler sur ses connaissances, son comportement et son savoir-être pour atteindre un niveau de relation le plus parfait possible. C'est la principale idée-force de ce métier. En affirmant cela, nous nous démarquons bien évidemment de tout un courant très « compétences » de la formation au métier de coach qui ne comporte pas ou peu ce que nous nommons « la posture », c'est-à-dire le savoir-être, l'acceptation, l'écoute, l'implication de soi dans la relation... soit tout le niveau purement relationnel du travail de coach qui peut couvrir, selon les croyances de chacun, de 50 à 80 % et même plus de l'activité.

Le coach met dans la relation ses propres visions, ses croyances personnelles, au service de la personne qui avance. De ce fait, si je crois que la relation est fondamentale, je vais travailler pleinement cette relation et ma capacité à être. En revanche, si je crois que l'outil est fondamental, je n'interviendrai principalement qu'avec des outils mis à ma disposition au préjudice de la dimension relationnelle.

Je crois profondément que le savoir-être du coach et un haut niveau relationnel sont indispensables. Telle est la croyance qui m'anime dans ce métier ; un choix qui laisse beaucoup de liberté d'approche et d'action dans l'exercice de ce métier où il faut être soi, où d'ailleurs l'on arrive avec soi, porteur de ce que l'on est, avec ses propres croyances, face à l'autre que l'on vient écouter, plus encore entendre et accompagner dans son propre cheminement. Cette rencontre crée un rapport, une relation qui fait avancer la personne, qui la fait grandir, ce qui donne quelquefois l'impression de suivre une thérapie. C'est là l'idée majeure, le moteur d'évolution de la formation au métier de coach. À partir du moment où l'on en est conscient, où l'on est convaincu qu'être coach c'est à la fois exercer un métier de compétences et un métier de relation, qu'il faut donc pour cette activité un coach « grand et fort », cela implique nécessairement une formation qui les aide à devenir fort et nous nous occupons pendant la formation tout autant de leur savoir-être que de leur savoir-faire.

De fait, un accompagnement sous forme de coaching aide les futurs coachs à connaître ce qu'ils vont rencontrer, approcher dans l'exercice de leur activité, ce qu'ils vont faire vivre à leurs clients, et leur fait vivre leur apprentissage comme s'ils étaient coachés. C'est selon nous, la meilleure méthode pour trouver sa posture, son style.

Être coach, ce n'est pas un savoir-faire, mais une attitude, un état d'esprit incontournable, c'est un savoir-être. Il est absolument nécessaire de comprendre que l'on ne fait pas coach, mais que l'on est coach. Ce postulat implique la nécessité d'une formation, d'un guide, osons dire d'un soutien dans ce cheminement vers les autres.

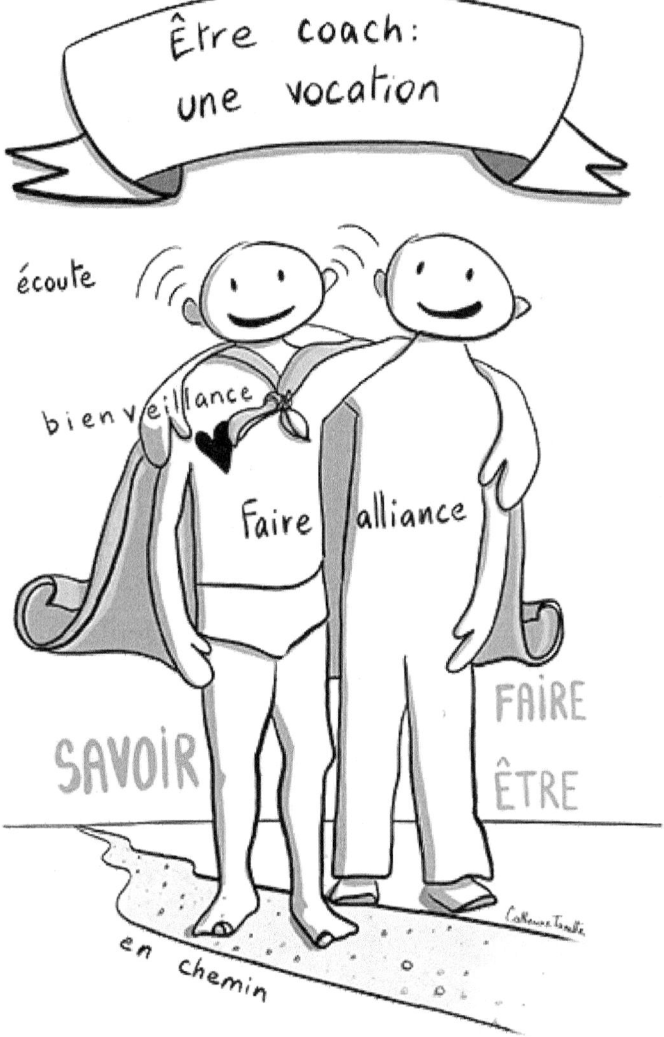
Être coach:
une vocation
écoute
bienveillance
Faire alliance
SAVOIR
FAIRE
ÊTRE
en chemin

Un coach c'est quoi ?

Être coach c'est en premier lieu défendre des valeurs, de grandes et profondes valeurs humanistes, c'est croire en l'autre, croire en l'acceptation de l'autre, cet autre que l'on pense capable de trouver lui-même le chemin. Le coach ne voulant pas agir pour soi, mais par envie d'aider l'autre est bien entendu altruiste.

En tant que coach, nous avons foi en la personne en face de nous. Une personne qui doit trouver en elle ce qu'elle sait. Nous ne sommes là que pour la guider, l'aider, l'orienter jusqu'à ce qu'elle parvienne à se révéler d'abord à elle-même.

Parfois, nous pouvons aider. Nous sommes un soutien, une ouverture dans le domaine qu'ils choisissent. Nous aidons les personnes en face de nous à prendre conscience de qui ils sont, de leurs aspirations profondes et des solutions qui s'offrent à eux.

Être coach c'est donc en second lieu être une personne qui va aider l'autre à accoucher de ses solutions.

Les dix clés d'un accoucheur de coach

Les savoir-être et les fondamentaux de la posture de coach

C'est en fait l'application de la méthodologie de Socrate « je ne sais qu'une chose, c'est que je ne sais rien », du « connais-toi toi-même ». L'autre sait et doit trouver en lui la réponse, voir en lui ce qu'il attend, ce qu'il veut être, prendre conscience de ses aspirations et de ses propres capacités comme de ses propres limites pour que sa pensée s'accorde à ses actes. Avoir ce comportement, faire ce parcours en soi, signifie également prendre conscience de son contexte, de ce vers quoi l'on veut aller - cet objectif cher au coach -, mais aussi prendre conscience du chemin possible entre le devoir et le pouvoir en éloignant les blocages.

C'est le moment le plus délicat de ce travail. Dans un premier temps, il faut aider la personne à trouver, à définir un objectif pour qu'elle dépasse le stade primaire où l'on sait seulement ce que l'on ne veut plus, sans pour autant avoir conscience de ce que l'on désire, pour le remplacer par un projet, un but à atteindre, pour prendre enfin conscience de ce qui bloque, et aider à dépasser ce blocage. Pour ce faire, le coach a besoin d'outils afin d'aider l'autre à déterminer un point de départ et à trouver un point d'arrivée puis pour que celui-ci prenne conscience des blocages qui freinent cette démarche, empêchent cet épanouissement. Pour y arriver, le coach se doit de maîtriser toute une série d'outils pour permettre au coaché de révéler ces blocages, d'accepter de les voir et de les analyser pour mieux les contourner, les surmonter. Ce travail se fait à l'intérieur d'une relation de bienveillance. Une bienveillance qui ne peut exister que dans une confiance partagée permettant à l'autre d'accepter, d'avouer ses blocages, ses propres contradictions, de les comprendre, de les analyser, notamment si ses blocages sont de type émotionnel. Cette bienveillance et cette relation de confiance sont absolument essentielles au travail du coach.

Être coach, c'est savoir créer cette relation, c'est avoir la capacité de créer une alliance qui permette la prise de conscience, la remise en cause, l'acceptation de ce que l'on est, de ce que l'on n'a jamais avoué ou voulu s'avouer. Ce n'est en rien une capacité relationnelle, une relation en surface, mais une relation de confiance réelle et profonde qui passe par l'acceptation de l'autre, tout au moins pendant la séance.

Pendant le temps de cette relation, de ce moment d'écoute et d'attention de l'autre, je l'accepte, je l'aime inconditionnellement, je crois en lui, je le valorise par une vision positive de son être, de son parcours sur des bases réelles, afin d'établir une véritable relation de confiance et ce n'est que dans ces conditions que les choses se font.

Pour ce faire, pour accepter inconditionnellement

l'autre, il faut soi-même être relativement « développé », ouvert ; j'en suis absolument persuadée.

Comme je ne suis finalement qu'un échantillon ADN de l'Humanité, plus je découvre chez moi, plus j'expérimente en moi des choses problématiques, telles que la petitesse, la jalousie et bien d'autres... plus mon acceptation de l'autre grandit, plus mon regard sur l'autre s'emplit de tolérance et se libère en dépendance.

De surcroît, comme je ne suis moi aussi qu'un être humain avec ses forces et ses faiblesses, qui suis-je pour juger ? Je n'ai pas à émettre une opinion, mais à me demander simplement comment il va s'en sortir. C'est ce moment qui est intéressant, notable dans cette relation. Une telle relation faite de grandes notions de tolérance, d'acceptation, de valorisation, conduit à aimer son client et nécessite au préalable de voir en soi tout ce qu'il y a de bon et de moins bon ; une telle démarche permet d'accepter l'homme tel qu'il est.

Cette prise de conscience, cette attitude relationnelle permet de passer de la position haute et prétentieuse du « je sais » à ce que je nommerai la position basse, celle plus humble de l'écoute ; une position tout à fait à l'opposé de la vision médiatique du coach qui décide, oriente, tranche selon le modèle du moment.

Puisque « ce que je sais, c'est que je ne sais pas » est l'attitude à avoir, puisque ce n'est pas en moi que se trouve la solution de celui qui me sollicite, mais en lui.

Le poème d'un auteur indien anonyme illustre parfaitement cette attitude déterminante de notre comportement :

Veux-tu simplement m'écouter ?

Quand je te demande de m'écouter et que tu
commences à me donner des conseils,
je n'ai pas de réponse à ma demande.
Quand je te demande de m'écouter et que tu
commences à me dire pourquoi je ne devrais pas
ressentir cela,
je ne me sens pas respecté.
Quand je te demande de m'écouter et que tu
commences à vouloir faire quelque chose pour
résoudre mon problème,
je ne me sens pas aidé, aussi étrange que cela
puisse paraître

Écoute !

Tout ce que je te demande, c'est que tu

m'écoutes.
Non pas que tu parles ou que tu fasses quelque chose,
je te demande simplement de m'écouter.
Les conseils sont bon marché, pour deux euros
j'aurai, dans le même journal,
le courrier du cœur et mon horoscope.
Je veux agir par moi-même, je ne suis pas impuissant
Peut-être un peu découragé ou hésitant, mais non impotent.
Quand tu fais quelque chose pour moi, que je peux et ai besoin de faire moi-même,
Je me sens dévalorisé et je ne progresse pas.
Mais quand tu acceptes comme un simple fait
que je ressente ce que je ressens, peu importe
la rationalité, je peux arrêter de chercher à te convaincre
Et je peux essayer de commencer à comprendre
ce qu'il y a derrière mes sentiments apparemment irrationnels.

Lorsque je vois clair,
les réponses deviennent évidentes et je n'ai pas besoin de conseils.
Les sentiments qui semblaient irrationnels

deviennent intelligibles quand nous comprenons ce
qu'il y a derrière.
Peut-être est-ce pour cela que la prière marche
parfois, car Dieu ne parle pas.
Il ne donne pas de conseils à ceux qui n'en
demandent pas.
Il n'essaye pas d'arranger les choses sans se
soucier de ma liberté.

Alors s'il te plaît, écoute-moi !
Et quand tu voudras que je t'écoute, demande-le-
moi,
je t'écouterai.

Cette attitude, cette posture revendiquée par le poète est le centre, le cœur de ce auquel nous aspirons en tant que coach, en tant que personne tolérante et ouverte à l'autre, quel qu'il soit. Un comportement plus ou moins naturel chez certains, mais inhabituel dans la plupart des cas, voir inattendu par celui qui sollicite votre attention et qui s'attend à ce que vous interveniez pour le conseiller, l'orienter.

Quand l'homme doute, quand il cherche sa voie, il attend le plus souvent un conseil, une proposition de la part de celui qu'il sollicite. Le problème de cette posture est d'aller à l'encontre de cette attitude première, quasi habituelle. Elle implique une révolution de comportement et de croyance qui nécessite de ne pas écouter nos échos intérieurs. Un tel bouleversement n'est pour autant pas propre au coaching, mais à tout ce qui touche à la relation d'aide. Nous avons dans le métier du coaching un mélange d'outils coach et de relations que nous ajoutons, superposons, intercalons. Une fois de plus, nous sommes convaincus que la relation est au centre du coaching et nous avons par conséquent une très haute exigence. Car que le coach intervienne en entreprise ou en individuel en coaching de vie, il exerce tout seul en face à face ou en équipe et la posture est fondamentale.

Lorsque l'on dit à un client « je ne vous donnerai pas de conseils », l'on s'aperçoit rapidement qu'il est en fait en attente de conseils, quels qu'ils soient. Or, l'aider ce n'est pas chercher la solution à sa place, mais le conduire à trouver la bonne question qu'il doit se poser à l'aide d'outils certes, mais aussi et surtout grâce au coaching qui, à la différence des outils à notre disposition, est un processus. Ce fameux processus qui va permettre de passer d'un point A à un point B en trouvant la solution pour passer de l'un à l'autre et en stimulant, en poussant le client à se mettre en action, à agir. Le coaching est un processus d'accompagnement avec un point de départ et un point d'arrivée. Dès qu'il y a prise de conscience, il y a dynamique d'action. C'est là que l'on sent s'il y a ou non une véritable peur, une croyance ou tout autre type d'émotion, qui se débloque avec des outils précis une fois que le champ opératoire est déblayé. Des outils qui peuvent appartenir au champ de la thérapie (PNL, hypnose, analyse transactionnelle...).

C'est à l'intérieur de ce processus d'accompagnement que le coach va mettre en action des outils portant en particulier sur le travail sur le blocage. Lorsque, par exemple, une peur est identifiée, elle peut être travaillée en analyse transactionnelle, en hypnose... avec l'outil de son choix. Ces outils peuvent être mélangés ou se substituer l'un à l'autre jusqu'à ce que l'on trouve l'outil adéquat. Pour ce faire, le coach est en exploration permanente d'outils, en formation perpétuelle, en quête constante de la clé. Le rôle des outils, je l'illustrerai par la métaphore de l'intervention chirurgicale où tout commence par la constatation d'un mal, d'un trouble, suivi d'une première prise de conscience, d'examens, avant la décision d'une intervention, puis c'est le bloc opératoire où le mal va être peu à peu circoncit, où l'on va ouvrir et là enfin, on va faire le geste. Pour nous, toute la phase avant l'intervention c'est le coaching et l'outil intervient lorsque le champ est ouvert et que nous savons où est le « mal ».

Dans la réalité, les choses sont bien sûr un peu plus

complexes. Les outils peuvent aussi être utilisés lors de la phase de découverte pour garder la personne dans l'exploitation de sa situation présente, ou bien pour aider le coach à mieux connaître son client (typologie : MBTI, Ennéagramme), ou bien encore lors de la phase de conclusion pour aider le client et le coach à faire la synthèse du coaching. Il nous arrive aussi de travailler sur une hypnose très fine durant laquelle nous posons les questions de fond telles que « en quoi est-ce un problème pour toi ? » et c'est à ce moment-là que nous faisons basculer la personne en hypnose juste pour trouver le problème. Dans ce cas, l'hypnose comme outil d'intervention s'utilise en amont sur la recherche du problème, mais cela ne se fait qu'après des centaines de jours, des années de formation, d'entraînement, je dirai même d'apprentissage. C'est uniquement à cette condition que l'on arrive à affiner son travail. Au début, les coachs débutant, quant à eux, utiliseront les outils un peu « au hasard » sans toutes ces grilles d'analyse qui permettent de cibler l'intervention, où se trouve le problème. Au départ, il n'y a pas vraiment de choix d'outils de leur part, mais des essais.

C'est une démarche différente de la relation d'aide qui est une écoute dans laquelle on ne recherche pas l'objectif ou en tous les cas beaucoup moins et dans laquelle l'on n'est pas systématiquement dans l'action, mais une écoute d'accueil de l'ici et du maintenant. La dynamique est différente du coaching ou les questions seront plus directes, « vous voulez aller vers quoi? », « comment allez-vous y aller? », alors que dans la relation d'aide on demandera « comment vous voyez votre problème? », « comment le vivez-vous actuellement? ». Dans ce cas, l'on présuppose qu'à un moment donné, en le faisant s'explorer sous toutes ces formes, la personne va progresser, alors que dans le coaching on présuppose qu'il vaut mieux aller de l'avant.

C'est juste une dynamique différente, mais la relation est toujours la même.

Qu'est-ce qui nous pousse à devenir coach ?

Si l'on prend en compte les personnes qui viennent vers nous, l'envie de devenir coach provient du désir de trouver un chemin de vie. Selon les vies et les expériences de chacun, ce cheminement pourra revêtir les formes les plus multiples. Un parcours accompli par l'une d'entre nous, directrice financière au préalable, pour laquelle il y a d'abord eu une démarche personnelle en raison du mal-être constant qu'elle ressentait. Malgré de belles études, prépa HEC, Sup de Co, malgré un mari médecin adorable, un métier valorisant, des enfants... en dépit d'une belle vie, elle qui avait tout pour réussir, avait pourtant l'impression d'un creux, le sentiment de ne pas vivre sa vie, de la gâcher, de passer à côté. Parce que ce n'était pas elle. Même si son activité professionnelle se déroulait dans les meilleures conditions, elle n'avait en réalité pas envie de s'y rendre chaque matin. Une attitude paradoxale pour quelqu'un qui semblait réussir aussi superbement bien sa carrière et sa vie, mais qui de toute évidence se sentait mal à l'aise et n'avait plus aucun enthousiasme pour son activité professionnelle, plus envie de continuer à jouer ce rôle dans lequel elle ne se retrouvait pas, ne s'accomplissait plus et pire encore, souffrait. Manifestement, une dimension manquait à son équilibre, à la plénitude de son être. Elle mit dix ans à chercher sa route. D'autant que son problème s'est aggravé, est devenu plus présent encore à la venue de son troisième enfant; une naissance très proche des deux autres. Elle se retrouvait désormais avec trois enfants en bas âge et des responsabilités importantes de directrice financière. Deux domaines incompatibles, aussi dévoreurs de temps et d'énergie l'un que l'autre. Sans doute peut-on envisager d'arriver à gérer l'ensemble, à force de convictions et d'abnégations de soi, mais la situation est alors d'un équilibre fort précaire et se vit sans réellement s'épanouir dans aucun des deux domaines.

Pour sa part, elle ne pouvait concevoir cette juxtaposition de deux vies totalement dissemblables, génératrice de plus de souffrance et de tension que de satisfaction et d'épanouissement. Son envie était autre. Elle voulait avoir une vie compatible avec celles naissantes de ses trois enfants, et la sensation de malaise en elle s'accrut. Ses enfants furent, comme pour beaucoup de parents, de vrais révélateurs de sa propre vie, en l'obligeant à se réorganiser, à se repositionner dans sa vie, en premier lieu dans son organisation même, mais aussi dans le sens que l'on veut donner dès lors à son existence. Le plus important pour elle était qu'il y ait de la place pour ses enfants, une place suffisamment grande, assez importante pour jouer pleinement son rôle de mère, mais en raison de ses obligations professionnelles ce n'était absolument pas le cas. Une seconde chose était tout aussi primordiale à ses yeux, donner du sens à son existence.

Tout a alors commencé lorsqu'elle est entrée dans un travail personnel qui l'a amené à prendre du recul tant sur sa situation que sur elle-même. Nous étions en 2001, l'année de la naissance de sa dernière fille. Un an plus tard, les évènements lui donnèrent l'opportunité de quitter sa société dans de bonnes conditions, une occasion très rare à une époque où l'on ne partait le plus souvent soit avec rien, soit licencié pour faute grave. Pour sa part, elle eut la chance malgré treize ans d'ancienneté que son patron ait la gentillesse de la licencier avec indemnités. Il fera partie de ceux qui l'ont aidée à agir. Elle avait dès lors la possibilité de créer quelque chose. D'ailleurs, elle savait au fond d'elle-même qu'elle voulait créer, mais sans pour autant savoir particulièrement que concevoir. Elle partit donc, ignorant encore ce qu'elle voulait faire. Elle n'avait qu'une certitude, elle savait qu'elle devait arrêter, ne plus faire ce métier et en tout cas ne plus travailler dans les mêmes conditions. C'était une rupture, le hasard de la vie lui en fit connaître une autre.

Sa grand-mère, une personne très importante dans son existence – elle l'avait élevée – décèdera à ce même moment. Par coïncidence, le jour de son licenciement sera le jour de l'enterrement de cet être cher. Cette double rupture devient alors un puissant levier, un appui fondamental dans sa quête d'elle-même, elle lui donnait plein d'autorisations non envisagées jusqu'alors. Lors de cette traversée du désert qui lui a été enfin permise, elle eut la chance d'avoir un mari compréhensif, à l'écoute, et des parents qui n'ont pas trop rechigné non plus à une époque où la reconversion était rare, toujours crainte. Des parents issus du milieu entrepreneurial, pédagogues tous deux, des éducateurs qui avaient rompu avec la tradition familiale. Un héritage qu'elle a indéniablement reçu. Ses parents avaient inconsciemment, mais incontestablement l'envie de voir leurs trois filles réussir dans l'entreprise et assurer personnellement leur vie, être indépendantes et autonomes, il est vrai que toutes trois ont fait des écoles de commerce comme pour répondre à ce désir. Ils leur ont également transmis leur passion de donner et d'apprendre. Un legs évident lorsque l'on sait qu'aujourd'hui elle dirige un organisme de formation au coaching, que sa sœur la plus proche est sophrologue, professeure de yoga et coach elle-même et que la cadette est en cheminement et s'interroge fortement, à l'aube de ses quarante ans ; un moment où l'on se dit qu'il serait grand temps d'en profiter.

Bien sûr, son entourage ne manquera pas de lui dire que les thérapeutes sont plus malades que leurs patients, de lui demander « qu'est-ce qui t'arrive ? On ne te comprend pas ». Leurs réactions étaient, il est vrai, compréhensibles. D'autant que ses choix portaient sur des secteurs méconnus, encore mal perçus à l'époque. Le développement personnel et le bien-être n'apparaissaient que comme une attitude de « baba cool », de gens hors normes que la société dénigre, en tout cas dont elle se moque. Bien sûr, elle entendit des phrases telles que « comment vas-tu faire du coaching alors que tu as très peu managé ? » ou bien encore « il faut beaucoup de courage pour faire ce que tu fais », une phrase assassine, pire que les autres. C'est une psy qui l'a aidée, lui a ouvert des autorisations en lui permettant de donner un sens à tout cela, celui d'aller vers les gens pour les aider à trouver pourquoi ils sont faits. Une chose qui s'est opérée pour elle dans sa pratique et sa diffusion. Elle avait l'autorisation de changer de métier, de faire ce qu'elle avait vraiment envie de faire, de ne pas accomplir ce pour quoi on l'avait programmée. Alors, parce qu'elle appréciait la psychologie, elle commença des études en ce domaine et poursuivit un vrai travail personnel qui se passait bien… suffisamment bien pour qu'elle fasse le choix de devenir psychothérapeute. Elle prit en conséquence un certain nombre de mesures pour le devenir. Et ce qui devait être une année sabbatique sera de fait une année fort chargée par cette formation en psychothérapie. Seulement, le 8 octobre 2003, l'Assemblée nationale votait à l'unanimité l'amendement du député Bernard Accoyer et les tempêtes médiatiques se déchaînèrent tout autant que les membres de la profession, soit près de 40 000 psychologues, 13 000 psychiatres, des milliers de psychanalystes et entre 20 à 30 000 psychothérapeutes désormais pris en charge par une loi qui portait sur le cadre de la pratique des psychothérapies et la légitimité de leur pratique. En précisant qui pourrait porter le titre et sous quelles conditions, la nouvelle loi définissait concrètement que ce titre ne pourrait être porté que par les psychologues et les psychanalystes membres d'une association reconnue, et... les médecins et, que ce titre ne serait délivré qu'après avoir validé une formation théorique et pratique dans une université. En réalité, la longueur de la formation variait en fonction du diplôme initial du demandeur. Des dispositions transitoires étaient prévues pour les personnes déjà en exercice depuis plus de cinq ans et, toute personne souhaitant porter le titre de psychothérapeute, ou l'affichant publiquement, devait dès lors s'inscrire au registre national des psychothérapeutes. En outre des informations contradictoires circulaient. Dès lors, puisque sa formation de psychothérapeute était mise en attente et devenait pour un temps sans avenir, le coaching prit le pas et c'est en ce domaine qu'elle commença sa formation. C'était une autre manière de répondre à son envie de création et d'échange avec les autres. Un acte majeur à ses yeux.

C'est alors qu'elle eut cette révélation déterminante et essentielle, celle du lien très fort qui s'établissait dans la formation entre les personnes. L'expérience lui montrera par la suite qu'au cours des formations, il se passe toujours quelque chose de fabuleux : un lien vrai qui s'établit entre les participants. Ce lien vrai, il la stimule toujours, il la porte encore, elle l'apprécie toujours autant.

Elle aura la chance d'être formée à l'époque par David Lefrançois, directeur de l'Institut des neurosciences, formateur-coach stratégique et auteur de plusieurs ouvrages sur le coaching et ce qui était alors et restera important pour elle, était et est encore de retrouver ce lien, de le recréer. À chaque retour de séminaires, qui se déroulaient à l'époque le week-end, en ayant confié ses filles à son mari, elle retrouvait la même sensation, celle de se sentir nourrie d'un monde qui lui faisait du bien, qui lui permettait de repartir pendant un mois, un mois et demi. Elle avait trouvé sa voie, c'est indéniable.

Puis, une fois que l'on a fait sa formation et le tour de ses ressources propres, se pose la question « So what? », « Et alors? ». Pour elle, la réponse fut claire. Sans doute guidée par le désir de garder cette sensation, elle ressentit le besoin de la partager et décida de créer son propre organisme de formation au métier de coach.

Pour l'un de ses collègues formateurs, cet apprentissage lui a permis pour sa part d'apprendre, de comprendre bien des choses sur qui il était, ce qu'il voulait et ce qu'il ne voulait pas. Ce fut pour lui une grande satisfaction, au point de se dire que c'était certainement l'une des solutions, et puisque c'était une solution, si l'on pouvait proposer cette solution, ce chemin, sans entrer dans une vision ésotérique, alors c'était un chemin juste, vrai, et il réalisa qu'en définitive si l'on veut avancer vraiment, il faut obligatoirement avancer sur ce que l'on est réellement.

Lorsque les gens viennent vers ce type de métier, il y a tout d'abord une exaspération, une saturation de l'état dans lequel ils se trouvent puis vient l'idée d'aller vers l'autre, l'envie d'aider. À la base, il y a le plus souvent une opportunité, une rupture professionnelle ou familiale, un deuil, un divorce, en tout état de cause un élément de rupture qui les amène à réfléchir au sens de leur existence. C'est le début d'une remise en cause personnelle et professionnelle qui prend du temps, quelquefois un an, parfois deux ans ou même trois ans. Quelque chose s'est passé dans leur vie et les a conduits à se poser la question du sens de leur vie, de ce qu'ils veulent en faire. Cette remise en question remet également en cause leur vie professionnelle. Souvent à cette occasion, ils retournent vers des rêves d'enfants, des désirs, des ambitions d'adolescents, vers des choses, des atouts, des qualités qu'ils ont et dont leur entourage leur fait part, ou bien encore des choses qu'ils aiment faire. Ils sont en tout cas dans un état de questionnement et se demandent ce qu'ils aimeraient faire à partir de ce qui les anime vraiment : « que faire de ma vie ? Je ne me sens plus bien, mais que puis-je faire ? Qu'ai-je envie de faire à la place ? » Il y a chez eux tout à la fois une blessure et une quête d'une nouvelle activité officielle qui leur permettra d'être au plus près de leur aspiration profonde.

Lors de cette quête en soi, on peut tout autant s'apercevoir que cette activité professionnelle que l'on rejette, finalement on l'aime, mais que l'on ne veut plus la vivre de la même façon, que l'on peut découvrir une tout autre orientation, une tout autre voie que l'on n'envisageait pas jusqu'alors. Tout cela va s'affiner, s'éclaircir au fil de la formation. À un moment de vie où l'on est en difficulté, où l'on se pose tout un tas de questions, il est important, essentiel, de prendre le temps de s'explorer soi-même, de réfléchir.

On devient coach pour réaliser ses aspirations les plus profondes après une période de rupture qui amène à se poser des questions. Je ne crois pas qu'il faille avoir un certain âge, un certain niveau, une certaine antériorité, rien ne le confirme, tout au contraire.

Si en médecine l'on a que l'âge de ses artères, en psychothérapie l'on a que l'âge de ses souffrances. Il existe des personnes de vingt ans tout à fait capables, qui ont acquis une grande maturité, une grande capacité et une qualité de présence. Elles sont de ce fait parfaitement aptes à accompagner les autres. Lorsqu'à trente-cinq ans j'ai suivi ma formation de psychothérapeute, j'avais à mes côtés une toute jeune fille de vingt-et-un ans, dont la présence et la jeunesse étonnaient les participants, mais elle s'est avérée d'une grande maturité. Ancienne anorexique, elle avait exploré tant de choses en elle pour arriver juste à vivre qu'elle était devenue apte à l'écoute. De même lors d'un stage, une jeune personne de vingt-deux ans qui n'avait aucune formation en psycho avait par contre une telle capacité d'écoute et une telle qualité d'accompagnement, de présence, qu'en fin de stage les participants se battaient pour faire des exercices avec elle.

Ces exemples répondent à une autre question, « faut-il avoir de l'expérience ? » Une question à laquelle je répondrai non, puisque je ne transmets rien. Je dirai même, au contraire. Il est plus difficile d'accompagner lorsque l'on a vécu cela au préalable, ou que l'on traverse soi-même des problèmes identiques. Cela signifie qu'il faut avoir conscience de nos propres problèmes pour ne pas les transposer, pour éviter de projeter et pour se protéger. En outre, mon expérience m'est absolument personnelle et ne correspond en rien au vécu de l'autre.

Au début, les futurs coachs pensent métier, avenir professionnel, rémunération. Cependant, être coach n'est pas qu'un métier, c'est avant tout une posture envers et avec l'autre. Être coach, c'est une façon d'être avec les autres, de chercher systématiquement l'objectif et le point d'arrivée quand ça ne va pas. Il faut avoir une approche multiple, passer en mode solution, en mode action. Tout cela s'exerce au sein de l'activité de coach, mais également au sein de l'exercice d'autres professions. C'est à l'intérieur de la formation que la personne devient peu à peu coach, car elle va acquérir une posture qui permettra d'aider l'autre à comprendre ce qui doit être changé, comment et pourquoi afin d'atteindre son objectif. C'est clairement une posture de plus pour tous ceux qui travaillent dans l'accompagnement. Il faut savoir être flexible entre les postures. Nombreux sont ceux qui viennent pour acquérir seulement cette posture, comme des gens exerçant dans le domaine du « relooking » parce que s'il est important de dire à quelqu'un comment s'habiller, se mettre en valeur, les questions les plus importantes sont peut-être « Qui êtes-vous ? Que voulez-vous communiquer de vous ? Quelle image voulez-vous donner ? », ou bien encore comme des diététiciens pour arriver à comprendre les fonctionnements, les émotions, les blocages de leurs clients et ne pas seulement leur prescrire un régime.

À la fin de la formation, les coachs ont bien souvent compris que l'apport de la formation va bien au-delà du métier ; au cours d'un long chemin, ils ont développé leur savoir-être.

Le long chemin

Au début de sa formation, un futur coach est souvent encore dans la situation du rejet de son état actuel sans savoir pour autant ce qu'il va faire, comment va-t-il pouvoir s'accomplir pleinement. En formation, environ 60 % d'entre eux sont en reconversion professionnelle, et dans les 40 % restants, il y en a souvent un tiers qui sont en souffrance. Ils doivent être accompagnés sur ce long chemin qui consiste à être coach, et qui implique d'acquérir du savoir et du savoir-faire, mais aussi de faire obligatoirement soi-même un chemin de développement personnel.

Au fil de leur formation, ils évoluent. Quand ils arrivent, ils veulent tous être coachs, mais quand ils quittent la formation, ils ne vont peut-être pas forcément exercer cette activité à plein temps, ils auront cependant compris leur souffrance, leur mal-être, ils auront remis des choses en place, réglé d'autres choses. Peut-être trouveront-ils seulement le moyen d'aménager leur vie, leur activité, c'est déjà un apport ! Quoi qu'il en soit, ils sortent tous avec un réaménagement de leur profession ou de leur existence. 94 % des gens utilisent cette formation, mais seulement 30 % d'entre eux l'exercent à plein temps. Ils ne sont jamais là par hasard, ils viennent chercher quelque chose. S'ils arrivent tous en disant « je veux être coach », plus ou moins rapidement les choses évoluent et leur envie, leur besoin, évolue pareillement. En tout cas, à la fin de la formation, ils ont beaucoup appris sur leur mode de fonctionnement, si bien que leur besoin est dès lors différent. Ils arrivent avec la volonté de s'éloigner de quelque chose. L'ambiguïté est là. Ils viennent pour « apprendre un métier », mais en réalité, s'ils viennent pour une telle démarche, c'est qu'il existe une véritable nécessité, un réel besoin en eux de se retrouver, de répondre aux craintes, aux attentes réelles qui les minent et les interrogent. C'est pour cela sans aucun doute que l'on ne peut être que dubitatif vis-à-vis des statistiques, des demandes de résultats et des estimations qui visent à quantifier le nombre d'installations par exemple. Car l'apport de la formation au coaching va bien au-delà de l'installation en tant que coach : elle constitue un véritable chemin vers soi et vers les autres puisque lorsque je me développe moi-même, j'accrois ma faculté d'être en lien avec l'autre.

Souvent, lorsque les gens finissent une formation en développement personnel, ils déclarent « je me suis fait de vrais amis, j'ai trouvé de vrais liens », cette constatation n'est le fruit que d'une certitude, celle que c'est un lieu où l'on ne joue pas, où l'on découvre ses vrais liens, où l'on parle de ses vrais problèmes, avec ses qualités, ses défauts, où l'on découvre que l'on peut être accepté tel que l'on est réellement sans masque persona, sans comédie humaine.

Le cheminement de Monsieur Patate
ou l'expression du vécu :

- *Avant en recherche de soi*
- *En coach, oreille au ventre et regard en cœur*

Indéniablement, ce cheminement revêt deux aspects, un aspect de développement de soi et un aspect thérapeutique, c'est-à-dire un travail sur soi. Nous pensons qu'un coach est quelqu'un qui a travaillé sur soi pour acquérir la capacité de se remettre en cause. À partir de ce postulat, quand le coach intervient, quand il accompagne, comme il ne sait pas, il admet qu'il peut se tromper comme dans le travail personnel. Cette attitude permet de devenir humble, mais aussi de réussir à départager ce que cela me rapporte d'aider les autres et la dette que les autres ont envers moi. Elle permet de répondre à la problématique de l'aide et de la reconnaissance : j'aide et j'attends de la reconnaissance, l'aide étant un sentiment souvent lié au désir d'être reconnu, aimé qui est souvent vécu douloureusement parce que ceux qui demandent de l'aide ne remercient pas forcément puisque le don de soi est sans contrepartie. Ce travail personnel permet donc d'apprendre en outre à dissocier ce que l'on attend de l'aide que l'on apporte.

Cela signifie simplement qu'il ne faut pas nourrir un besoin de reconnaissance dans ce métier. Un danger que l'on retrouve dans tous les métiers qui s'exercent dans le social, l'aide, la formation.

Je suis également convaincue que plus je fais de développement personnel, plus je peux accueillir de gens, car je ne peux accompagner mon patient que là où je suis allé moi-même.

Le développement personnel est, indéniablement, nécessaire puisqu'il permet de changer sa relation aux autres, de modifier ses croyances sur les conseils, ses paradigmes, d'apprendre à se remettre en cause, de passer dans une relation beaucoup plus accueillante, bienveillante, mais également de se responsabiliser, une dimension très importante puisque c'est la personne qui est responsable de son problème, qui l'a créée. Le coach n'est là que pour qu'elle le comprenne et le trouve. Nous n'avons pas à donner la solution.

C'est une attitude qui si elle est professionnelle, atteint aussi le cadre privé. Dans un premier temps, l'on essaye d'appliquer cette attitude partout, à tous moments de notre vie puis par la suite, l'on fait davantage la part des choses. Une formation au coaching se doit de faire travailler cette posture en permanence pour que les apprentis coachs le fassent tout le temps, qu'ils aient toujours cette posture d'écoute et non de conseils, pour qu'ils intègrent pleinement ce savoir-être, qu'ils parcourent au mieux ce long chemin et acquièrent les mécanismes au risque de perturber un peu leur vie privée jusqu'à ce qu'ils sachent s'ils peuvent ou non l'utiliser, quitte à ce qu'ils entendent ces réflexions rapportées par d'anciennes personnes en formation : « Ne fais pas ta coach ! », « Arrête de jouer au coach ! » ou bien encore cette constatation si pertinente faite par la femme de l'un d'eux : « C'est une formation où toi tu vas et moi je change ! ».

Mais l'acquisition de cette posture va de toute façon modifier leur relationnel puisqu'ils se modifient eux-mêmes. En cela, l'outil principal du coaching est le coach, puisque l'on ne peut accompagner si l'on va mal, un mal tant physique que psychique, et que l'on n'aide pas en donnant des conseils, ce qui reste la chose la moins suivie.

Ainsi si nous formons à un métier, nous aidons aussi l'élève à faire un cheminement interne. Il s'agit donc tout autant d'un accompagnement personnel que d'un accompagnement professionnel. Sur les huit cents personnes que nous avons formées depuis le début, je n'ai jamais eu personne qui à la fin de la formation m'a dit regretter de l'avoir suivie. Je n'ai pratiquement jamais eu d'abandon.

Le travail sur soi prend du temps, il est peu mesurable et diverge selon les personnes. Le travail le plus important est celui de l'écoute, d'écouter vraiment les autres. Ce facteur de l'écoute est le plus difficile à transmettre. Ce qu'ils viennent chercher dans la formation, c'est une posture. Quand on parle de posture, on n'est pas loin des postures de thérapie, ce sont des postures d'écoute, c'est écouter l'autre en ayant une page blanche à l'intérieur de soi. La chose paraît simple, puisqu'il s'agit juste d'écouter l'autre sans jamais imaginer la moindre solution, sans se dire « moi je ferais autre chose ». En réalité, c'est extrêmement difficile puisqu'il faut arriver à amener l'autre à s'interroger et à ce qu'il trouve lui-même sa solution.

Dans notre jargon, nous disons qu'un conseil est

une gifle, le fameux « y-a-qu'à », qui ne répond jamais à l'attente. Pour arriver à cette maïeutique, née de Socrate et passée par les États-Unis, qui est toujours aujourd'hui une méthode utilisée pour, en se reposant sur l'interrogation, amener celui qui s'interroge à découvrir ce qu'il sait implicitement, à exprimer par lui-même une véritable réflexion honnête et objective, il faut arriver à se dire « je vais cesser de penser à mes propres solutions, à mon propre vécu pour me concentrer sur les bonnes questions qui sont : qu'elle est la prochaine bonne question que je vais pouvoir poser, qui ne soit pas orientée ? ».

Les bonnes questions seront les questions d'exploration « Quand est-ce que cela se passe ? Comment se passe cela ? Quelles sont les solutions que tu imagines ?... ». C'est une façon d'accueillir les autres qui est très particulière, inhabituelle, et au bout d'un moment dans leur vie de tous les jours une lampe rouge s'allume dans leur tête chaque fois qu'ils auraient envie de donner un conseil et comme à un moment ils sentent que c'est acquis, ce qui est long et difficile, ils entendent autour d'eux les gens leur dire « mais tu réponds à une question par une question ! ». Cela signifiera qu'inconsciemment ils y sont arrivés, que le cheminement est en marche et qu'ils sont devenus, toujours selon notre jargon, inconsciemment compétents. Au début, cette attitude est très difficile à avoir puis elle devient un réflexe dans la vie quotidienne. C'est un nouveau savoir-être, qui existe pleinement au bout d'un long chemin, qui prend du temps. Si c'est une formation de huit ou de douze jours, cela prendra en réalité six mois et même toute une vie en modifiant leur propre vie, leurs propres problèmes par un obligatoire et constant travail personnel qui transforme nos paradigmes et notre relation aux autres. C'est le changement d'une vision et c'est le changement d'une vie, un véritable chemin de vie.

Acquérir un savoir-faire et une posture

Comme nous venons de le démontrer, pour devenir coach, il faut à la fois acquérir un savoir-faire qui permet de mener le processus de coaching en partant d'un point A vers un point B que l'on doit définir et de trouver le chemin pour y aller, c'est également acquérir les outils qui permettent de travailler sur les blocages rencontrés. Un moment où chaque coach va enrichir presque à l'infini sa boite à outils avec de la thérapie, de l'hypnose, de la sophrologie, de la PNL... Une quête d'outils qui pourrait faire penser à une quête de toute puissance qui serait le comble d'un coach qui ne recherche en fait que la position basse. Le plus important étant d'être formé à la flexibilité, d'avoir une grille de techniques et de s'y tenir, et de ne pas oublier que la multitude d'outils rend les choses plus compliquées. Mais, pour devenir coach, il faut aussi, grâce à ce long chemin, accroître un savoir-être avec des valeurs fortes, un développement personnel continu et un changement de croyance sur la relation. En conséquence, il ne s'agit plus de faire du coaching, mais d'être coach et d'avoir des écoles adaptées à cette transmission très particulière.

La créativité, outil de formation

POURQUOI UNE ÉCOLE ?

En 2004, à l'intention de tous ceux qui souhaitent se former au métier de coach pour aider autrui à « accomplir ce qu'il a en lui de meilleur », selon l'adage de Lao Tseu, nous avons créé notre école de formation au coaching des particuliers et au coaching en entreprises, en organismes, en institutions... 800 professionnels ont été formés pendant ces douze années d'existence.

Notre ambition était et reste de permettre d'accéder à un autre niveau et, pour ce faire, nous sommes convaincus qu'il est important d'intégrer complètement les outils afin de se les approprier. Pour que cela soit, nous proposons un parcours qui permet de vivre les outils afin d'optimiser l'apprentissage, l'apprentissage d'un métier et de soi.

Pour répondre à cette ambition, il était nécessaire de créer une école qui reflète notre passion ; une passion acquise en devenant formateurs de coachs, qui se transmet à autrui et communique ce savoir-être qui caractérise et fait la force de ce métier.

La nécessité d'une école

Je suis de plus en plus consciente qu'il faut parcourir un chemin étonnamment important pour devenir coach et en intégrer tous les outils. En sortant de la formation, il n'y a qu'une infime partie de ce cheminement qui est accompli. Peut-être n'est-ce que 5 % du chemin à parcourir, mais alors cette transmission est-elle suffisante ? Si je pense les équiper de tous les outils, juste durant le temps de leur formation, le problème se pose, mais si je pense les avancer dans leur savoir-être de façon à les équiper d'un minima pour que par la suite ils puissent poursuivre leur progression et continuer à se perfectionner, là la formation est suffisante et joue pleinement son rôle de déclencheur. Personne ne sort d'une école, d'une formation, riche d'acquis définitifs. En raison de cela, la formation au coaching s'apparente plus à, si j'ose dire, un « incubateur » de coachs, à une structure d'accompagnement qui stimule leur développement initial.

C'est au fil de l'expérience, de notre propre cheminement que nous avançons. Ce n'est que le fruit d'une formation constante.

« L'amener à devenir » est modifié selon la personne

que l'on côtoie.

Pour cette raison, lorsque quelqu'un échoue, ce n'est pas lui qui est responsable, mais nous, parce que nous n'avons pas trouvé comment faire. La différence entre un débutant et un coach confirmé qui exerce et s'exerce depuis de nombreuses années est dans l'intuition que l'on aura de l'autre et le temps que l'on consacrera au coaching. Enseigner une posture, ce n'est pas donner un enseignement classique. Le niveau de différence se juge à l'intégration de cette posture à la sortie. C'est un enseignement mouvant, évolutif, changeant. Avec l'expérience, les questions sont plus fines, plus pertinentes. D'où la nécessité de s'entraîner continuellement.

J'ai la conviction que les formateurs de coachs doivent être des passionnés, être continuellement en formation, au minimum une trentaine de jours par an. Il ne pourrait en être autrement pour évoluer et mieux aider l'autre. L'enseignement doit aussi porter essentiellement sur la posture.

Soit je coache, soit je suis coaché, soit je m'entraîne, soit je passe mes expériences à la moulinette de la vision coaching, soit je révise la théorie... Il ne faut jamais arrêter. Cet acquis n'est que le fruit d'une expérience, d'une pratique constante. C'est une école de l'expérience, celle du « coaching expérientiel » étendu parfois à d'autres matières qui, comme l'hypnose, ne s'acquièrent qu'après un entraînement continuel.

De ce fait, on ne peut affirmer que le bagage est trop léger parce que l'on ne parle pas de contenu, mais de posture. La formation au coaching est un excellent démarreur, après, libre aux coachs de continuer plus ou moins intensément. C'est un choix. Si l'on envisage la formation comme une simple transmission d'outils, elle est bien évidemment trop légère, mais si on la conçoit comme une initiation, une intégration à une posture qu'ils vont par la suite continuer et parfaire, dans ce cas la formation est suffisante.

Après, le problème est de se lancer. Il faut une sacrée confiance en soi pour ouvrir son cabinet et cette confiance, cette absence de peur, ne s'obtient qu'avec l'expérience de la pratique, une pratique constante. L'essentiel de l'acquisition ne se fait pas dans une école, mais après, en dehors.

Le nombre de jours de formation au coaching est limité. Elle se fait souvent en six mois, parce que ces jours ne servent qu'à cadrer la pratique. C'est pour cette raison que l'enseignement à distance est légitime, puisque l'essentiel est dans la pratique et que nous constatons finalement que les personnes formées à distance se donnent peut-être plus. Sans doute parce qu'elles sont forcées de se prendre plus rapidement en charge. Afin d'appuyer ce fait, en fin de formation, lors de la certification, nous ne leur donnons pas leurs notes. À quoi servirait d'avoir un seize de moyenne en note de fin de stage si l'on ne travaille pas les semaines, les mois et même les années qui suivent, tout cela n'aura servi à rien. Tous les acquis se perdront avec le temps. En revanche, je peux être juste, mais si je continue de m'entraîner, six mois, un an après, je peux atteindre un très bon niveau et le conserver en poursuivant cet entraînement. Nous les accompagnons donc jusqu'au moment où ils peuvent être compétents, mais pas encore inconsciemment compétents.

Pour toutes ces raisons, il faut une école fiable avec des bases théoriques solides, une école qui transmette des savoirs faire, des compétences, un lieu où en même temps la personne va pouvoir avancer et faire ce cheminement précédemment décrit. La difficulté étant d'avoir un lieu qui présente un équilibre entre ces deux choses. On peut être tenté soit par une école très théorique soit par une école qui ne transmette que du savoir-être, avec par la suite des personnes qui se retrouveront tout à fait perdues sur la méthodologie, se demanderont que faire face au client, comment intervenir là où il y a besoin.

Pour pallier cet état de fait, il faut trouver un juste équilibre entre les deux. Mais en recherchant ce juste équilibre, c'est une autre vision, une autre volonté qui est transmise au travers de cet équilibre, de ce mélange de posture et d'outils. Une conception de « juste équilibre » rarement partagée dans le monde du coaching, cependant révélatrice de qualité et de fiabilité du travail lorsqu'elle est appliquée. Autant de critères reconnus par les trois principales fédérations professionnelles qui permettent aux personnes formées d'entrer dans ces fédérations, de rester dans la mouvance. Une reconnaissance primordiale, tant pour les apprentis coachs que pour les écoles.

Comment devient-on formateur de coachs ?

La meilleure réponse, la meilleure définition d'un formateur de coachs sont certainement la citation du sage chinois, fondateur du taoïsme, Lao Tseu :

« L'homme de bien n'exige pas de l'autre
qu'il soit parfait,
il l'aide à accomplir ce qu'il a en lui de meilleur »

C'est d'abord pour appliquer ce principe que l'on devient coach, puis que l'on décide de transmettre parce que l'on se rend compte que le chemin à parcourir pour devenir coach est si fabuleux que l'on éprouve l'envie de le faire vivre à l'autre.

Ce fut le parcours d'une formatrice venue à l'exercice de ce métier sans n'y avoir jamais pensé. Elle acquit de nombreuses connaissances et apprit en l'occurrence le coaching qu'aujourd'hui elle pratique et que de surcroît, elle transmet. Un parcours qui pourrait paraître évident, mais qui ne l'est pas pour tous les coachs. Tous ne franchissent pas la troisième étape, celle de la transmission.

Pour elle, au début, ce désir de transmettre sera d'abord et avant tout un défi personnel pris non sans une certaine inquiétude :

« Un challenge qui m'a obligé à sortir de ma zone de confort en me confrontant non seulement à mes peurs et à ceux que j'allais devoir former, mais aussi au contenu que j'allais devoir intégrer et incarner. Car enseigner ou plutôt transmettre le coaching est certes une affaire de contenu théorique, mais avant tout de posture qu'il s'agit non seulement d'enseigner, mais d'incarner soi-même tout au long de la formation. En second lieu, le coaching n'est pas neutre. Il transforme ceux qui s'en approchent. Alors que dire pour ceux qui l'enseignent ? Le désir de vouloir être constamment en transformation personnelle est sans aucun doute une motivation importante. Transmettre le coaching du fait de cette nécessité de l'incarner m'oblige à dépasser mes propres limites en termes de "mauvais caractère". Cela m'amène à développer davantage d'altruisme, d'attention, de bienveillance, de patience, de clarté... Peut-être que cela contribue à me bonifier au sens du vin qui vieillit ?

Plus simplement, je grandis en même temps que mes stagiaires, chacun à notre rythme, en partant de là où chacun se situe.

En troisième lieu, je pense pouvoir dire que le coaching est porteur de valeurs auxquelles je crois et qu'il s'inscrit dans une histoire.

Le coaching n'a pas débarqué uniquement des USA, il n'est pas arrivé en Europe "ex nihilo". Je pense qu'il s'inscrit dans l'histoire de la pensée et de la philosophie occidentale, dans celle de Socrate, des épicuriens et des stoïciens comme plus tard dans l'existentialisme, la phénoménologie, et les différents mouvements de psychologie. Par là même, le coaching appartient à notre histoire et répond très justement à une attente actuelle de rapidité et d'efficacité, mais aussi à une attente d'ouverture et de meilleure compréhension de sa propre nature et de son rapport aux autres et au monde. Et ce pour vivre mieux. Transmettre cette dimension, c'est pour moi poursuivre le fil de l'histoire de la philosophie et de la pensée en la déclinant de manière opérationnelle.

Vient alors le plaisir de transmettre. Voir l'autre avancer, piétiner puis recommencer et enfin évoluer... est un bonheur. Voir sur les visages ce que suscitent les choses que je leur transmets est passionnant. Transmettre des clés de compréhension de la nature humaine et donc de sa propre nature est toujours accueilli comme quelque chose de l'ordre de la révélation. Parfois merveilleux, mais aussi quelquefois douloureux. Ces prises de conscience suscitent des émotions. Cet accueil et ce partage d'émotions font partie intégrante de cet apprentissage.

J'ai de plus en plus le sentiment de vivre ces formations comme un véritable travail d'équipe avec les stagiaires et les personnes ressources. Une équipe où chacun est à sa place, mais dans la perspective d'une finalité commune qui va bien au-delà la certification !

Bien sûr, il y a les difficultés inhérentes aux domaines abordés.

Voir un stagiaire enfermé dans ses peurs, dans certaines croyances, voir un stagiaire verbalement et inconsciemment "brutal" avec un autre... Toutes ces choses inévitables, mais qu'il faut leur désapprendre, sont un vrai challenge. Parfois, cela peut s'avérer très difficile. Il faut apprendre à lâcher prise et être patient. Savoir trouver les mots justes pour éveiller la conscience sans trop brusquer, mais brusquer quand même, finalement un peu...

Une autre difficulté réside dans la perspective professionnelle de chacun. Former des coachs cela ne veut pas dire qu'ils seront tous coachs et qu'ils en vivront professionnellement. Ce point est délicat, mais en réalité les stagiaires savent pourquoi ils sont là et chacun tire profit d'une manière ou d'une autre de sa formation. Cela les concerne plus directement.

Mais ces difficultés ne sont rien face à la joie de se donner soi-même, à la joie de partager ces expériences, de rire, de pleurer, d'être en confiance et de grandir ensemble. En transmettant le coaching, on développe en soi des qualités professionnelles de formateur certes, mais aussi des qualités humaines, une plus fine intuition et une plus grande perception de ce qui ne se voit pas. Voilà une motivation suffisante pour moi ! »

Il existe de fait deux dimensions, une première altruiste, où l'on aide l'autre à accomplir ce qu'il a de meilleur, et une seconde, où l'on forme les gens qui aident les autres à accomplir ce qu'ils ont de meilleur.

On devient formateur par désir de transmettre ce chemin qui nous a tant apporté personnellement, qui permet de servir des valeurs et des missions et donne un sens à l'existence dans lequel on croit.

Continuer
à aider
en
transmettant

La passion de transmettre

Si nous avons tous cette même envie, ce même besoin de transmettre, nous avons de ce fait des valeurs communes très fortes qui malgré nos différences, nous font transmettre les mêmes choses et les accompagner avec les mêmes valeurs.

Cependant, avec du recul, les équipes de formation peuvent s'interroger sur ce qu'elles transmettent? Comment le transmettent-elles? Autant d'interrogations nécessaires puisqu'elles ont tendance à transmettre la même chose même si elles sont toutes très différentes. Dans une équipe de formation, le panel des domaines et des spécialités attendus et nécessaires au métier de coach doit être idéalement couvert puisque tous ont des passés professionnels différents. Chacun a sa spécialité, mais tous se complètent. Ils partagent effectivement, mais que partagent-ils? Un certain nombre de valeurs bien sûr, cependant ce partage va bien au-delà. Chacun a un groupe différent, pourtant malgré la différence, ils ont l'impression que c'est en fait la même chose. Cette similitude n'est autre que la passion de transmettre.

La passion de constater et d'accompagner l'évolution qui se fait en chaque personne. La passion de donner la capacité à faire ce voyage dans le bon sens et à développer chez les élèves un savoir-faire et un savoir-être qui permettront d'aider d'autres personnes à faire ce voyage vers soi.

Enseigner, c'est ressentir le plaisir de dénouer ce moment où l'on ressent le doute chez la personne en apprentissage, ce moment de grand flottement pour tout être, dans toute formation où non seulement la personne formée a compris le concept, mais avance sur ce chemin. Pour le décrire et le comprendre, l'on se réfère souvent à la métaphore du moment où l'on apprend à conduire quand, assis pour la première fois dans le véhicule, le moniteur vous prévient que vous avez des pédales, une boite de vitesse, des rétroviseurs et qu'il va falloir agir sur tout cela en même temps,

tout en gardant son calme et les mains sur le volant. Ce moment de grande panique où l'on se dit en son for intérieur que c'est absolument impossible, que l'on n'y arrivera jamais, même pas en rêve. Et pourtant! D'ailleurs lors du travail évoqué auparavant, cet exercice qui consiste à se questionner sur ce que l'on transmet et comment, lorsque pour chacun il fallut choisir une séquence illustrant leur métier, pour tous c'est ce moment de flottement qu'ils ont tous vécu, perçu, qui est apparu comme le plus juste.

C'est au plus fort du questionnement intérieur des

clients (élèves ou coachés) quand ils se demandent comment et pourquoi, que se manifeste subitement chez le coach ou le formateur l'envie de s'accrocher, de trouver l'outil ou de l'expliquer d'une façon ou d'une autre et qu'ensuite le bonheur anime et nourrit l'élève ou le coach en exercice, en voyant l'étincelle chez l'autre. Cette sensation est sans doute l'une des plus belles pépites de ce métier. C'est ce moment de flottement où après la prise de conscience, la recherche de but, la phase durant laquelle l'on se sent perdu, que l'on trouve enfin la solution et où l'on comprend comment on l'a trouvé. Toutes ces phases traditionnelles du coaching sont aussi dans la formation pendant laquelle on les amène à être perdus pour intégrer le processus, pour détruire leurs paradigmes. Cette remise en cause totale provoque chez les futurs coachs un grand flottement d'autant que l'on ne leur donne pas la solution et que les meilleures réponses sont celles qu'ils vont trouver. Il s'agit de leur faire simplement prendre conscience que leurs modèles ne sont pas toujours justes, qu'ils doivent trouver de nouveaux paradigmes et qu'ils seront accompagnés pour qu'ils trouvent la façon de fonctionner avec ces nouveaux modèles, comme un costume qui leur va bien et qui soit en même temps adaptable à leurs futurs clients. De ce fait, c'est pour le coach un modèle qui se construit continuellement, peu à peu, qui s'adapte perpétuellement selon les circonstances et plus encore, c'est en quelque sorte toute une chaîne en constante mutation.

Après se pose la question de devoir transmettre ce que l'on enseigne, parce que même s'il y a le fait de transmettre, il y a aussi l'importance de la matière que l'on transmet, qui est motivante ou pas.

Si par le passé il nous est arrivé à tous, en nos anciens domaines professionnels respectifs, de transmettre au cours de stages de formation des données propres à l'activité que nous exercions, de former en ces domaines, jamais aucun n'a ressenti alors ce qu'il éprouve maintenant, nous ne ressentions pas du tout le même effet. La matière est importante, primordiale même. Il faut être en adéquation avec cette matière pour former, pour en ressentir le bien, la nécessité, pour que l'autre bénéficie de ces mêmes valeurs. Il faut aimer ce que l'on fait, le vivre pleinement, s'y épanouir pour que le message passe, pour que la satisfaction soit ressentie tant par le formateur que par l'élève.

Nous n'avons qu'un objectif, qu'une volonté, transmettre l'âme du métier.

Quand nous clôturons nos formations, que les gens sont certifiés, nous savons que nous partageons avec eux la passion de transmettre quelque chose. Une passion de transmettre qui nous a aidés nous-mêmes à trouver du sens. Car cette passion a donné il y a longtemps un sens réel à notre vie, l'a équilibrée et elle anime encore toute notre équipe. Par la suite, malgré les épreuves de vie, l'on ne ressent jamais plus la souffrance de la même façon, l'on ne revit plus la même chose, parce que l'on a acquis une manière de penser, de prendre du recul, de s'appuyer sur ses forces et ressources, de trouver tout ce qui est en soi pour vivre autrement !

Ce qui est essentiel et formidable à la fois dans l'accompagnement et dans le coaching plus encore, c'est la recherche de sens qui transparait. Là, on rejoint des auteurs par exemple le formateur et consultant américain Robert Dilts à l'origine notamment du développement des techniques essentielles dans le changement des croyances et d'un modèle des « niveaux logiques ». Dilts va systématiquement dès le début rechercher dans un accompagnement ce qui chez l'autre l'anime, de quoi l'autre a envie dans sa vie, ce que lui appelle la mission, la spiritualité, le transpersonnel. Chacun y met ses mots, mais en définitive, il ne s'agit que de la recherche du sens. Car comme le souligne avec justesse David Lefrançois, « je ne voudrais pas mourir sans avoir vécu cela, ce qui me fait briller les yeux et me donne envie de me lever le matin. Une fois que je sais où je veux aller, je vais chercher les moyens d'y aller ».

Cette quête passe par un examen critique, une contestation qui met du temps puisque tout est remis en cause et parce qu'il faut aussi auprès de soi des gens qui vous entendent et vous disent « je comprends ». Il est satisfaisant d'apprendre que quelqu'un comme Robert Dilts va de plus en plus dans ce sens. Il parle aujourd'hui de « generative coaching ». Dans cette approche, on recherche ce qui nous anime vraiment et le reste viendra. Il est vrai que lorsque des personnes sont en reconversion professionnelle, leur première demande est le plus souvent « mais qu'est-ce que je vais bien pouvoir faire? » alors que nous leur disons « l'essentiel est : mais qui allez-vous être? Quel sens allez-vous donner à votre vie? »

Cette recherche de sens constitue souvent l'essentiel de l'accompagnement du coach. Mais nous pouvons également nous interroger sur la motivation des personnes qui veulent devenir coachs : sont-elles également en recherche de sens? En recherche d'un métier qui donne du sens à leur vie? Nous pensons que oui.

Nous avons tous un questionnement sur notre légitimité, sur le fait de ne pas être pris pour des sectaires, des illuminés sûrs d'eux, alors que ce qui nous mène c'est que l'on ne sait pas. On ne peut croire ceux qui disent savoir. Nous sommes dans la société, certes, mais avec une vision différente du monde. C'est l'une de nos complications. Nous animons des formations durant lesquelles nous sommes un peu des surcoachs, nous n'évaluons pas des compétences, mais nous faisons une certaine sélection à l'entrée en formation sur la capacité d'écoute.

La difficulté réside dans le fait de savoir comment être dans le monde tout en ouvrant une fenêtre. Nous avons un aspect très ancré dans le monde et sommes conscients que, pour que cela continue, il faut que nous ayons des clients, une bonne tenue des comptes, un numéro de formateur. La réalité existe et il n'est pas question d'amener les gens dans des sphères irréelles, hors normes.

Nous sommes simplement convaincus qu'il faut donner du sens à sa vie, même si la société française a du mal avec cette affirmation, avec un tel comportement, sans doute parce que l'on se heurte à des croyances.

Dans tous les cas, transmettre ce métier est, je pense, ce qui fait sens dans la vie des formateurs.

C'est
un
chemin
de vie

Comment transmettre un savoir-être ?

Former au coaching plus que transmettre un savoir-faire n'est-ce pas tout simplement dire à l'autre, j'ai fait cette démarche, je te la montre, tu peux la faire et sans aucun doute tu aboutiras, et pour cela je ne peux que t'écouter et t'orienter pour que tu fasses toi-même ce chemin.

Transmettre d'être coach, c'est avant tout transmettre d'être libre, de savoir piloter sa vie, alors comment envisager de canaliser, d'envelopper de contraintes sans fondements des coachs en formation et en devenir alors que nous sommes là pour les emmener sur un chemin de liberté, et surtout que ce que nous savons, c'est que nous ne savons pas !

Certes, nous transmettons une posture, mais on ne sait vraiment ni comment ni quand elle se transmet, même si l'on sent un déclic dans la formation. C'est une posture physique, qui fait que l'on ressent au fond de soi quelque chose qui bascule, qui fait que l'on sent que l'on va de l'avant, que l'on est prêt à écouter l'autre sans lui donner de conseils. Cette posture est de l'ordre de l'accueil. Comment parvient-on à transmettre cela ? Le mystère reste encore entier, c'est toujours un émerveillement. Même s'il y a des exercices qui facilitent, s'il y a des stades de progression et une démarche pédagogique.

Plutôt que d'expliquer ce qu'est le coaching, il faut le faire vivre. Chaque formateur doit se donner pour rôle d'accompagner ses stagiaires, plus que de les former, de les accompagner vers l'émergence de leur potentiel.

Le pilier central de cet accompagnement est la définition du cadre. En conséquence, l'essentiel de la fonction d'une école et du coach-formateur va être de clarifier et de maintenir ce cadre qui va permettre aux stagiaires de faire émerger leurs compétences de coach.

Ce cadre doit se retrouver à deux niveaux.

Tout d'abord au niveau global, c'est-à-dire sur l'ensemble de la formation durant laquelle les stagiaires vont évoluer dans un cadre de formation extrêmement bien balisé, tant au niveau administratif (organisation des cours, des certifications, des téléconférences...) qu'au niveau des « attendus » (compte-rendu d'exercice, mémoire de certification, etc.), chaque stagiaire ayant connaissance des critères d'évaluation de la certification ainsi que des exigences posées quant au respect du cadre.

Ce cadre général leur permet de vivre la formation tout au long du cursus, et pas seulement lorsqu'ils sont en salle. Le rôle des écoles et donc des formateurs est de maintenir un niveau d'exigence élevé sur ce cadre, afin de favoriser l'autonomisation et la responsabilisation des personnes. À cet effet, il paraît important qu'un tuteur de formation soit attribué à chaque stagiaire afin d'avoir un « référent » vers qui se tourner dans les moments où il pourrait se sentir un peu perdu. En outre, il faut offrir la possibilité, à chaque stagiaire, de bénéficier d'un coaching personnel, avec un coach mis à disposition du formé. C'est un double avantage. Le premier est de faire évoluer les personnes sur du développement personnel, élément indispensable au métier de coach. Le second, de faire vivre au stagiaire l'expérience réelle d'un coaching; il est plus facile d'accompagner une personne dans un processus que l'on a soi-même expérimenté. C'est l'ensemble des éléments de ce cadre (les attendus, les rendez-vous en salle ou en visioconférence, le coaching personnel, la préparation de la certification) qui va permettre à la personne d'avancer à son rythme et selon ses besoins, vers les compétences.

Ce cadre se trouve également à un niveau spécifique, c'est-à-dire dans les moments de regroupement. C'est dans ces moments de regroupement que va se poser et se clarifier le cadre. Le coach-formateur va alors avoir un rôle de « modèle » lors de ses interventions, de modèle au niveau de la posture qu'il va adopter et dans la relation qu'il va installer avec les stagiaires. Cette relation, qui est au cœur du métier et de la réussite du coaching, va permettre aux stagiaires d'entrer dans l'expérience et de la vivre pleinement, dans différentes positions de perception, et par les outils qu'il va découvrir.

Le positionnement du coach-formateur n'est pas de faire de la formation théorique, mais bien d'amener les personnes à expérimenter le processus et les techniques. La posture du coach-formateur va également permettre aux stagiaires de « modéliser » cette posture. Lorsque l'on voit un « expert » agir, on intègre, à des niveaux inconscients, des éléments de son expertise. Le coach-formateur va donc devenir un « modèle » en démontrant, plus qu'en expliquant, les techniques et la posture que nous enseignons. Ce cadre d'intervention va amener les personnes à expérimenter eux-mêmes les outils dans différentes postures. Ils vont ainsi passer d'une posture de coach qui accompagne un autre stagiaire, à une posture de coaché, c'est-à-dire de personne accompagnée puis à une posture d'observateur. Chaque exercice est ainsi vécu selon les trois positions de perception qui permettent une intégration plus profonde des techniques enseignées. À l'issue de ces expérimentations, le coach-formateur va animer le temps de restitution. Ce temps va permettre aux stagiaires de « conscientiser » les apprentissages afin de mieux les intégrer.

Telle est la base de la démarche pédagogique. Elle réside essentiellement dans les moyens pédagogiques et dans la mise en œuvre de la modélisation de la posture du formateur, mais pas uniquement. La qualité des intervenants est aussi un atout majeur. Les intervenants sont des coachs qui pratiquent le métier. Leurs apports, leurs expériences contribuent à faciliter la modélisation par les stagiaires. Les coachs-formateurs ont développé une qualité relationnelle qui permet la mise en œuvre de la démarche pédagogique, et la réussite des stagiaires dans ce cursus.

Des stagiaires qui vivent tous cette transmission de la même manière. D'abord, ils ne comprennent pas comment y arriver, puis ils y arrivent grâce à des questionnaires appris par cœur, un peu comme un funambule qui doit trouver sa position, son équilibre avec une perche, puis seul, et au troisième stade c'est la fameuse petite lampe rouge qui s'allume en leurs cerveaux quand ils sont hors posture, et enfin le stade ultime où les élèves l'accomplissent sans s'en rendre compte. Au début pour les nouveaux arrivants, il y a à chaque fois une grande déstabilisation. Pas de PowerPoint dans la salle, pas de cadres habituels, pas de tables, et en plus, il peut y avoir des peluches. Ils ont l'impression de ne rien apprendre réellement, de ne pas vraiment comprendre, ils attendent des schémas qui leur manquent, parce qu'ils pensent que par principe dans une formation, il y a forcément des schémas, des tableaux, des courbes… tous ces supports que d'ailleurs ils n'auront pas, et si on leur donne des outils d'intervention, c'est à eux de les placer quand ils veulent et non quand on leur demande. Il est alors fréquent de les voir se dire qu'ils ont une boite à outils, mais qu'ils ne savent pas utiliser ces outils. C'est là qu'ils commencent à se demander ce qu'ils font dans cette formation, qu'ils se questionnent sur leur choix. Ensuite vient la transmission des outils appris par cœur pour les intégrer puis va suivre un grand inconfort, car ce que l'on transmet est au-delà des mots. Cette formation se fait dans un aller-retour permanent, dans la fluidité de la relation. Ce que l'on transmet est au-delà des mots, cette posture est presque physique, épidermique. On la ressent ou pas et lorsqu'elle est ressentie, à force de formation d'entraînement, la posture est intégrée.

Tant dans la formation à distance que dans la formation en salle, on ressent à un moment qu'il se passe quelque chose. Ce phénomène suit en général une grosse crise d'inconfort, de malaise, de questionnement, puis tout à coup un jour leurs questions ont du sens, sont à un autre niveau. Comme si des croyances ou des paradigmes venaient de se mettre en place. En arrivant, ils pensent qu'ils vont acquérir un savoir, quand bien même on leur a dit que ce n'est en rien une vraie matière, ils ont tous ce réflexe de base, je vais en formation pour apprendre.

Ce qu'ils intègrent peu à peu au-delà du savoir qui est transmis, c'est l'idée qu'ils trouveront en eux-mêmes cette posture à atteindre.

La pédagogie va jouer à de nombreux niveaux et se mettre en place avec de nombreux entraînements, de nombreux comptes-rendus, en s'exerçant dans de vrais coachings qui leur donnent une petite expérience professionnelle, par des vidéos – conférences, si bien qu'ils ne sont jamais quinze jours sans contact avec les coachs-formateurs, sans travailler avec eux. Il ne s'agit pas de ranger le cahier. La pédagogie est basée sur une stratification dans la mémoire par un travail permanent, un travail de fond. Il ne se passe pas une semaine en six mois sans faire un exercice par jour afin que la posture vienne peu à peu en y travaillant tous les jours. Car, encore une fois, l'intégration de posture est le fruit d'un travail, d'un entraînement permanent de fond pour qu'ils se demandent où ils en sont, qu'ils se remettent dans la dynamique. C'est l'expérience du sportif, du tennisman qui après des centaines, des milliers de fois exécutera parfaitement son coup droit sans y penser, tout naturellement. Pour qu'ils atteignent cet automatisme, chaque fois que c'est possible, ils doivent être mis en dynamique, en action, en coaching. Il leur est également demandé d'apprendre des questionnaires par cœur, des questionnaires qui permettent d'apprendre la posture, car lorsque l'on est dans le questionnaire, l'on est forcément en posture.

Si cette transmission est particulière parce qu'impalpable, elle s'appuie tout de même sur des référentiels, des cadres précis. Dans cette formation, le « perdu » n'est que volontaire.

Cette formation se déroule selon un mode officiel et un mode officieux où le coach-formateur ne va pas leur donner leur solution et volontairement les mettre en processus d'apprentissage. Tout le cadre méthodologique ou pas, que l'on met ou non volontairement, est aussi un apprentissage de posture. Il ne leur est donné ni exemple ni solution ni de séance type de coaching afin qu'ils construisent leur propre modèle. Pour qu'ils intègrent cette posture du « je me fais confiance, je cherche mes solutions moi-même… », tout leur reste flou y compris le cadre organisationnel, et ils sont mis volontairement dans une forme de frustration. Pour faire grandir quelqu'un qui lui-même amènera les autres à être adulte, il faut qu'il arrive à se débrouiller seul et il faut donc à un moment enlever la bouée.

Dans cette transmission, il y a la nécessité de prendre conscience de cette frustration, de cette difficulté que nous leur imposons et donc de les rassurer, mais parallèlement il y a aussi la nécessité de maintenir ce cadre. C'est un chamboulement intérieur très fort mêlé à un travail personnel, à une nouvelle matière dans laquelle ils n'ont pas l'habitude d'évoluer.

Certains évoquent pour décrire ce moment l'image d'un plongeon dans un grand bassin, mais sans les bords pour se rattraper, juste une perche. Alors comme ils ont peur de couler, le coach formateur est là pour les rassurer. Et à un moment donné, comme poussés par un instinct de survie, ils se sentent tellement perdus qu'ils décident de s'en sortir, qu'ils n'ont plus le choix, et ils s'en sortent. C'est à ce moment précis qu'ils intègrent la posture. Parce que l'apprentissage ne se fait que par sa propre recherche. C'est l'exemple du puzzle. Si l'on me montre, si on le fait à ma place, je bloque, je ne retrouve pas la démarche, alors que si je tente seul de le réaliser, j'y arrive parce que j'aurai compris, j'aurai accompli ma propre recherche. C'est sans aucun doute un apprentissage plus inconfortable, mais il est sans contexte plus pérenne et plus efficace.

On ne sait pas quand a lieu le déclic. Tel un funambule, l'on ne sait à quel moment vient l'équilibre. Simplement, à un moment, l'on ressent cet équilibre que nous recherchons ensuite en nous-mêmes et que nous retrouverons tout au long de notre vie.

La meilleure méthode consiste à leur faire vivre leur apprentissage comme un coaching. Il faut trouver sa posture, son style.

La foi dans l'homme va jusque-là. Il n'est pas nécessaire de lui apprendre, mais de lui expliquer un certain nombre de choses pour qu'il arrive à trouver. Volontairement, les clés ne leur sont pas données. Mais la métaphore « tu vas dans l'eau et tu nages. Je suis à tes côtés, mais c'est à toi d'agir » est mise en pratique et, peu à peu, ils y arrivent. Une fois qu'ils ont compris, non seulement ils ont acquis un vrai processus de coaching et peuvent accompagner les autres, mais de surcroît, la méthodologie acquise ne sera jamais oubliée puisqu'ils en ont fait eux-mêmes l'apprentissage. En mon for intérieur, je vis un processus de coaching, donc je cherche moi-même. Par ailleurs, ce processus est celui que je vais faire vivre demain à ceux que j'accompagnerai.

En fin de formation, chaque apprenti coach doit pouvoir rédiger un mémoire un élément capital qui lui permet d'avoir une vision générale de sa formation, de sa pratique, d'analyser sa progression.

Tout cela pour les aider à se situer dans la relation où le coach doit être dans et hors la relation ; une position que l'on désigne comme la méta position. Un coach débutant est dans la relation. Un coach senior est quant à lui dans et hors la relation, il est capable de regarder ce qui se passe entre les deux, d'analyser sa position, cette relation, sa pratique en tant que coach, en quoi le client ramène son problème dans la relation. Le travail du mémoire rend capable de comprendre pourquoi ça change, d'analyser sa pratique professionnelle. Un bon professionnel doit être capable de dire ce qu'il a fait et pourquoi il l'a fait.

Au niveau deux, qu'ils accomplissent comme personne ressource dans les stages, ils sont capables de maîtriser cette « méta position ». Ils montrent qu'ils ont à ce stade intégré la posture de coach et réussi à passer en méta position.

En conséquence, former au coaching devient aussi leur donner des outils pour qu'ils trouvent eux-mêmes le chemin. Il y a une partie où l'on montre, l'on incarne une posture, cela fait partie de notre métier. Il faut à un moment donné montrer ce que c'est que d'écouter l'autre, montrer ce que c'est d'accompagner quelqu'un. Cela fait partie du processus d'apprentissage. Il n'est pas question de les habiller, mais de leur proposer simplement des vêtements, à eux de choisir, on leur ouvre simplement la porte du placard et on leur donne les clés pour qu'ils le vivent, eux, et le transmettre aux autres. Nous ne transmettons pas le faire, mais l'être.

Si nous avons bien conscience que cette façon de transmettre s'accompagne d'un grand moment d'inconfort, nous n'avons pas, pour autant, trouvé d'autre moyen de transmettre la posture et de faire en sorte que les apprentissages soient intégrés rapidement et pour longtemps. Nous faisons bien sûr attention qu'ils ne se noient pas et finalement, étrangement même, tout cela fonctionne bien.

Nous travaillons sur des processus psychologiques. Ils se confrontent à leur propre conscience, leurs propres croyances, leurs propres limites, ils sont obligés de s'adapter. À ce moment-là, ils expérimentent également le vécu d'un coaché, car toute la formation est bâtie comme un coaching qu'ils vont vivre de l'intérieur. Puis, il y a le moment du choix. Est-ce que cette posture me va ? Est-ce qu'elle me va bien ? Est-ce que je la garde ou pas ? Comment la mettre à ma mesure ?

Au réflexe d'avant, doit suppléer cette nouvelle façon d'être avec les autres, sans donner de conseil, juste en les aidant à accoucher de leurs idées en passant par le temps où les deux vont se rencontrer. Ainsi, quand je rencontre un nouvel ami, des personnes extérieures, je me heurte à une incompréhension de gens qui s'attendent à des réponses, à des solutions alors que je n'y ai pas pensé du tout puisque je n'ai plus ce réflexe d'agir pour les autres, mais de leur apprendre à agir par eux-mêmes.

En fait, au bout d'un moment, nous sommes nous-mêmes enfermés dans des croyances et il est difficile pour nous de vivre auprès de gens qui attendent ou donnent des conseils. D'ailleurs, certains d'entre nous ne le font plus si on ne le leur demande pas. Aider ne signifie pas être le sauveur, mais permettre à l'autre de trouver sa propre solution, lui donner la canne à pêche au lieu du poisson.

Cet enseignement n'est pas neutre puisqu'il va changer la façon dont ils vont vivre avec les autres. C'est toute la différence entre faire et être, ce que nous essayons de transmettre, c'est être coach.

Adopte ma posture,
Prends ces lunettes
& coach tu seras

ET DEMAIN ?

Comment sera le métier demain ?

Alors que l'on constate de plus en plus, au niveau des fédérations et des grands organismes, l'arrivée de personnes, plus tentées par le business que peut engendrer le métier de coach et celui de formateur que par la réalité de ce que devraient être ce métier et ses valeurs. Alors que certains canalisent, régulent et s'autoproclament sans aucune considération déontologique, je refuse catégoriquement ces tendances et m'insurge contre ces dérives déontologiques.

À l'heure actuelle, la formation n'est malheureusement toujours pas obligatoire, il n'existe aucune norme en ce domaine et la réglementation existe sans exister. Un état de fait fort dommageable qui fait craindre que cette activité, ce métier, doive un jour en passer par une représentation, une normalisation, qui risque d'être une entrave à la réalité d'un métier empli d'écoute et de savoir être, à son appréhension, à son exercice et à son devenir. Un jour, le risque est que ce métier soit réglementé pour lutter contre l'absence de déontologie, mais également en raison de certifications données de façon bien trop arbitraire. La crainte est que les pouvoirs publics réagissent trop violemment en édictant un règlement qui ne corresponde absolument pas à ce que nous sommes, à ce que nous défendons. C'est cette fausse idée selon laquelle pour devenir coach, il faut avoir fait par exemple trois ans d'études après le baccalauréat. La réglementation se fera forcément en décrétant des niveaux d'études obligatoires, avec des critères très « éducation nationale » et c'est contre cela que nous nous élevons, car nous savons bien qu'aucun niveau d'études ne détermine la capacité d'écoute de quelqu'un. Or, cette capacité est l'une des premières qualités d'un coach.

La logique de vérification de la transmission n'existe que dans très peu d'organismes. Il est important qu'elle soit mise en place à la fin du cursus. Cependant, même s'il faut mettre en place des critères d'évaluation de la formation, nous devons rester très vigilants et veiller à ce qu'ils portent sur des critères objectifs et non subjectifs.

D'un côté, dans un organisme de formation et bien évidemment quand nous certifions, nous devons certifier sur des compétences, et pour ce faire nous devons être plusieurs à faire cette évaluation. Il y a le futur coach, le formateur et des coachs-professeurs, et tous s'accordent à refuser de suivre des critères stricts basés sur le savoir-être. Le jugement en tant que coach est impensable, impossible. Il nous faut donc toujours trouver des critères qui soient des critères subjectifs, mais essentiellement basés sur la posture de l'écoute, du questionnement approprié ou pas, de la reformulation, de la capacité à créer le lien.

Nos réticences sont les mêmes vis-à-vis des critères de sélection. Il est impossible d'entendre que pour être coach, il faut un bac plus trois années, voire encore plus, de formation supérieure.

L'écoute ne s'acquiert pas par un diplôme. Ce n'est pas parce qu'une personne a un niveau bac plus trois ans ou dix ans, qu'elle saura mieux écouter, être plus attentive aux autres. Le degré universitaire ne rend pas l'homme plus humain, plus attentif, plus altruiste, plus bienveillant. Le coaching, c'est tout autre chose.

Ce sens de l'écoute peut se retrouver chez des êtres sans formation préalable, sans réel bagage intellectuel. Le coaching requiert des qualités humaines. Nous faisons des entretiens préalables essentiellement basés sur la capacité d'écoute, parce que tout simplement il est inutile de mettre en formation dans notre organisme des personnes qui ne savent pas écouter, il est vain de ne cesser de leur dire d'écouter alors qu'ils ne savent pas le faire, puisqu'ils croient savoir, on tourne bêtement en rond. Ils perdent leur temps et nous le nôtre. C'est totalement inefficace. Il y aura par conséquent blocage et non remise en cause. Or la remise en cause et le doute doivent être tous deux omniprésents, animer constamment les coachs. Sans cela, il y a toute puissance, affirmation de la suprématie de soi sur l'autre et par là même négation du client, de l'être humain, que l'on est amené à former. Si le coach tient l'échelle, c'est bien l'élève, le client, qui monte peu à peu les barreaux de l'échelle. Le coach est un soutien, un moyen de… il n'est en rien le levier que doit trouver et actionner le client et « La star, c'est le client » pour reprendre l'affirmation de David Lefrançois, et non l'inverse.

Ce que nous évaluons à l'inscription ce ne sont donc que ces qualités à répondre à tous ces critères d'écoute, de soutien, que savoir s'ils en sont capables ou s'ils sont trop sûrs d'eux. Sûr au point de croire qu'ils peuvent expliquer aux autres ce qu'il faut faire.

Lorsque l'on rencontre de telles personnes, on sait que l'élève va avoir du mal à comprendre ce que veut dire son formateur et qu'à l'issue de la formation, ils seront, le formateur et lui, tous deux insatisfaits. Ce n'est en rien le but à atteindre, il est contraire à l'objectif et aux valeurs de ce type de formation. Voilà pourquoi nous refusons de telles personnes, pas en raison de notre jugement, car en tant que coach nous acceptons tout le monde puisque le coach est dans l'acceptation inconditionnelle, mais pour ne pas leur faire perdre de temps, parce que le métier ne correspond pas aux attentes de ce type de personne et que leur attitude est même contraire à l'exercice de ce métier.

Le coach est dans l'acceptation inconditionnelle, nous l'avons dit, je le répète. Voilà un autre élément qui va bouger beaucoup de choses dans la vie du « bébé coach ». Être dans l'acceptation inconditionnelle des autres est pourtant une position très reposante, à l'inverse de ne pas accepter l'autre et de passer son temps à le critiquer. C'est finalement une position très égoïste, mais nécessaire, un important chemin personnel à faire, et à fortiori un parcours antinomique avec toute formation qui permet de se dire que si l'on a fait tant d'études c'est que l'on est supérieur aux autres.

La plus grande difficulté que nous devons surmonter réside dans le fait d'être à la fois dans une transmission avec tout ce que cela implique de sérieux et en même temps de rester dans notre posture dans la sélection des gens, dans la façon dont on les juge à la fin et dans la façon dont on les forme. En tant que coach, il nous est très difficile de juger de la capacité des gens. Notre parti pris est de transformer cette formation en un grand coaching puisqu'ils sont eux-mêmes accompagnés et que nous sommes quant à nous, plus dans une posture de coach que de formateur, tout en les formant. En conséquence, nous leur faisons vivre un grand coaching qu'ils vivent pour eux, en même temps qu'ils vivent leur formation, leur apprentissage. Ce qui rend difficile l'évaluation d'une personne. Si je suis dans ma posture de coach, je ne peux évaluer puisque je suis dans l'acceptation inconditionnelle des gens, mais il me faut être également formateur et donc pouvoir évaluer ces personnes. Pour y arriver, des critères ont été mis en place pour nous faire sortir d'un jugement pur et dur de l'être et éviter toute ambiguïté. Grâce à ces critères, je n'ai pas eu à juger la personne, mais j'ai eu à déterminer si le critère était ou non là.

Une difficulté surmontée lorsque l'on comprend et que l'on intègre comment être dans une formation en posture haute, transmettre des savoirs tout en ayant pour objectif de transmettre et d'évaluer un savoir-être.

Au fil du temps, au fil des anecdotes et de l'expérience de chacun, nous ne pouvons que constater qu'en ne mettant pas en place de vrais critères de validation communs et de qualité, nous décrédibilisons les écoles de formation, les fédérations et associations et plus encore le métier que nous exerçons et pour lequel nous formons des êtres en devenir.

Pourtant, force est de constater qu'aujourd'hui les critères dépendent le plus souvent de chaque école et sont malheureusement bien souvent partiaux et fluctuants. Au point que certains osent même utiliser des critères de savoir-être et plus encore les revendiquent. Mais comment peut-on honnêtement oser dire à quelqu'un qu'il n'obtient pas sa certification sur le seul et simple fait qu'on le juge, par exemple, insuffisamment bienveillant ? C'est une impossibilité. C'est une négation dans notre posture sans jugement.

Au sein d'une école de formation, il est primordial de faire en sorte de continuellement essayer d'avoir des critères justes et objectifs et de les afficher, d'être le plus équitable et le plus impartial possible. Évidemment, si l'on veut que l'ensemble des écoles s'accordent sur de semblables critères, il faut se livrer à une véritable bataille, démontrer, argumenter, convaincre même si des critères communs, généraux, circulent déjà.

Globalement, il existe cependant, en dépit de ce qui a été évoqué, une certaine harmonie. Actuellement, il y a une évidente prolifération d'associations et de fédérations de coachs, une dizaine ont vu le jour, dont trois plus importantes qui fonctionnent de mieux en mieux ensemble et ont une aura importante. Une Française, une internationale et une européenne. Elles commencent à s'intéresser à la formation, par exemple l'Association Européenne de coaching, l'EMCC, valide des programmes de formation dans les écoles et surveille ce qui s'y fait ; c'est une reconnaissance qui rassure les clients.

D'ailleurs, les principales fédérations, l'International Coach Federation France (ICF France), la Société Française de Coaching (SFCOACH), l'EMCC (l'Association Européenne de coaching), comme la Fédération Francophone de Coachs Professionnels (la FFCPro), ayant pris conscience des confusions qui existaient sur le métier du coaching, se sont mises d'accord pour publier en décembre 2012 un communiqué commun[3], une charte de déontologie en quelque sorte, définissant notamment ce qu'est un coach, comment le reconnaître… afin de structurer le métier. Ils ont ainsi défini que, quelle que soit son activité, pour le compte d'organisations ou de personnes privées, un coach doit avoir suivi une formation spécifique au coaching, souscrire à un code de déontologie, témoigner d'une pratique continue du coaching et d'un engagement de développement professionnel et personnel permanent, être capable d'expliciter sa pratique, avoir une approche bienveillante centrée sur la personne... Il existe en cela une base sur laquelle nous ne pouvons que nous accorder pour nous permettre de ne pas être en dehors des normes admises, en dehors d'une déontologie sans laquelle notre métier ne saurait s'exercer. Ceci étant, les modèles doivent être affinés et surtout plus généralement appliqués dans l'ensemble des écoles. Il en va de la survie et de la légitimité de notre métier.

3 (voir page 18, note, bas de page, n°2)

Durant les mois et les années à venir, c'est en ce domaine, aux côtés des principales fédérations et au sein de la commission des écoles de l'EMCC, que je viens de rejoindre, que je continuerai de me battre pour la défense de ce métier même si j'ai une sainte horreur des validations officielles qui enferment et cloisonnent, parce qu'il existe encore trop de critères subjectifs et même si l'on considère que je suis juge et partie. Mais comment concevoir une bonne école de formation sans en connaître les rouages, les risques, les contraintes et les qualités ?

J'ai choisi de me battre pour, en premier lieu, éviter à tout prix une mise en place de critères trop rigides, trop extérieurs à la réalité du métier, et pour, en second lieu, être présente, faire partie de ceux qui annoncent ces critères, en débattent et les défendent. L'idée est, certes, de mettre en place des critères pour professionnaliser le système, le domaine du coaching, mais d'une certaine façon et en tout état de cause en dehors de toutes évaluations aléatoires, surtout dans le domaine de la formation professionnelle qui doit se juger sur des compétences acquises de façon objective, faute de quoi nous ne ferons que nous discréditer auprès de notre clientèle, comme de nous-mêmes.

Voilà pourquoi je milite, comme nombre d'entre nous. Je milite pour une formation « en posture coach », parce que l'on ne peut enseigner aux gens que tous les avis sont respectables, que tout être est respectable, et les traiter par la suite comme des élèves soumis à leur maître, en situation dévalorisante. Il faut au contraire valoriser la personne que l'on accompagne, la guider, la suivre, mais ne jamais être en position haute, seulement en position basse de façons constantes. Il faut incarner en tous points ce que nous enseignons, rester humble et considérer l'autre. Il faut incarner ce que l'on prône. On ne peut enseigner comme à l'école. Nos formations ne peuvent en aucun cas être scolaires et s'inscrire dans un modèle maître-élève, dominant dominé, expert-apprenti.

À l'heure actuelle, il existe 120 écoles de coaching en France. Elles se sont toutes ouvertes sans aucune validation ; elle n'est pas obligatoire. Dans cinq ans, il n'en restera certainement qu'un tiers, c'est pour cela qu'il est grand temps de se structurer, de définir des critères que l'on doit impérativement retrouver dans une école de formation qui doit avant tout répondre à des critères d'excellence en toute humilité.

Je ne sais si dans notre école nous détenons ce savoir-faire, ce savoir-être, néanmoins 30 à 40 % de nos clients viennent en raison de la renommée de l'école, par le bouche-à-oreille. Les gens viennent sur recommandation, sur les conseils des fédérations et même de coachs formés ailleurs, qui sont cependant séduits, attirés par notre formation qu'ils jugent supérieure à la leur, à celle qu'ils ont eue.

Il faut donc non seulement évaluer le programme, mais également établir des critères de certifications qui soient des vrais critères, quitte à faire venir pour l'occasion des membres d'une fédération, afin d'éviter si l'on a 120 écoles d'avoir 120 sortes possibles de certification avec des critères inadmissibles de savoir-être.

À cette fin, nous devons mettre en place tout un circuit. Ainsi dès la signature de leur contrat, les critères d'évaluation doivent être transmis et ils doivent avoir les grilles, les coefficients...

Les personnes qui les évaluent, deux par épreuves, ne doivent pas connaître les candidats. Si bien qu'en fin d'évaluation, six personnes ont donné leur avis sur un candidat qu'ils n'ont jamais vu, et si cet avis est défavorable, cette évaluation est des plus impartiales, des plus objectives possible. En ce sens, il est demandé à d'autres, qui ne sont pas les formateurs, de juger le résultat de la formation.

À partir du moment où il y aura des critères crédibles, le métier le deviendra.

Le coach sera quelqu'un qui répondra à des critères d'écoute, de remise en cause, de posture, à des critères de base, à l'ossature commune à tout coach.

Comment le percevons-nous dans le futur ?

Pour l'instant, je perçois le futur avec crainte. Je crains que nous assistions à une scission entre le coaching de vie et le coaching en entreprise. Ce dernier se rapprochant plus du consulting et du mentoring, tandis que l'autre sera plus associé à la relation d'aide et à la psychothérapie. C'est l'un des dangers potentiels. De ce fait, il n'y aura plus d'identité de coach puisque le métier sera scindé en deux en raccrochant les deux tendances à des branches qui existent déjà et le métier disparaîtra.

Le premier risque serait d'avoir des consultants en entreprises qui se saisissent de la vague en ne faisant pas réellement de coaching et n'aient plus toute cette dimension liée au travail sur soi et au relationnel, et d'autre part de voir des gens qui n'osent pas se proclamer psychopraticiens et utilisent le terme de coach par simplicité, parce qu'il revêt une image moins importante, moins solennelle et moins dangereuse.

Ce n'est qu'en structurant le métier en le réglementant par et grâce aux fédérations que l'on peut éviter ces dérapages et en faire un vrai métier. Ce que l'on voit de plus en plus ce sont des rats des villes qui travaillent en entreprise. Ils sont assez médiatisés et éloignés de la posture. Ils ne le sont pas tous, mais il y a un réel danger que les rats des villes prennent le pas sur les rats des champs en bonne posture, mais moins médiatisés, et qu'ils utilisent le terme de coach sans l'être, et donnent de ce fait une idée fausse du coaching.

Pour obtenir une véritable utilisation de ce terme et une véritable reconnaissance du métier de coach, il faut militer encore plus pour mettre en place des critères de certification communs entre les fédérations et que cette certification soit reconnue par les entreprises et le grand public. Cela reviendra à pousser à fond l'autoréglementation, l'autorégulation. Cela aurait pour conséquence de proclamer haut et fort nos propres lois, ce que nous devons être, ce que doit être un coach, c'est aller plus loin encore dans la démarche commune, mettre les écoles d'accord sur les critères, éventuellement faire passer les certifications par les fédérations, défendre encore plus la profession, la valoriser.

Le second danger est de voir se mettre en place une réglementation élaborée par les pouvoirs publics qui réponde à des critères ne correspondant en rien au métier.

Enfin, la dernière hypothèse est que ce métier devienne un métier connu, autorégulé, auquel on fera appel. Un métier représenté par des fédérations fortes qui le défendront, et une reconnaissance qui ne sera pas une réglementation, comme pour les psychanalystes qui n'ont pour obligation pour s'installer que d'avoir suivi une analyse pendant cinq ou huit ans, ou bien les consultants ou encore les écrivains qui ne doivent leur reconnaissance professionnelle qu'à la qualité de leur plume et à leur soif de littérature, même s'il existe aujourd'hui des formations universitaires au métier d'écrivain qui ne garantissent en rien une possible réussite éditoriale et encore moins une qualité de plume. Autant de métiers qui ne sont réglementés que par des compétences et des qualités personnelles et qui ne sont reconnus que par leurs pairs.

Sans doute faudrait-il aussi sortir du franco-français, travailler plus en accord avec les autres pays où les coachs sont plus respectés, mais aussi plus structurés. Un travail de relation et de réflexions entre pays qui est déjà en cours, mais que nous devons amplifier, faire perdurer.

CE QUE NOUS CROYONS

Croire en notre métier, c'est croire en une formation continuelle et constante durant toute sa vie. Si nous transmettons un savoir-faire et un savoir-être, la personne formée n'est à l'issue de sa formation qu'à 20 % de son parcours, il faut par la suite continuer à se former, à se développer, durant toute sa vie. Soit par de la formation professionnelle continue soit avec des techniques complémentaires, soit en se reformant au coaching avec une autre approche, une autre philosophie. C'est choisir entre creuser la matière ou ajouter du complémentaire. C'est continuer à se faire superviser pour continuer à apprendre sur la façon d'accompagner, pour éviter toute manipulation et obtenir un éclairage constant sur notre pratique. C'est la nécessité de continuer à être suivi et de faire un travail personnel de développement.

Nous ne faisons pas ce métier par hasard, il est un choix, une volonté, un besoin. D'autant que ce métier nous impose d'être toujours dans le doute, ce qui nous contraint à travailler sur nous-mêmes, sur des zones qui ne sont pas très confortables. Maintenir sa posture pour être coach est un travail permanent, qui oblige à travailler sur ses doutes, son manque de confiance, à se confronter à ses craintes, à ses doutes et à en faire des alliés pour savoir poser les bonnes questions. Devenir coach et maintenir cette posture est un véritable travail de développement personnel.

C'est un métier qui exige également d'être tout le temps en bonne santé. On ne peut bien le faire si l'on est trop fatigué mentalement, physiquement, trop recentré sur soi, sur ses propres problèmes. Je ne peux que si je prends soin de moi. En cela, ce métier est peut-être plus ou moins une discipline de sage.

Et si ce métier n'était, surtout et avant tout, qu'un art de vivre, un peu comme ceux qui pratiquent les arts martiaux où, en plus du geste, il y a la maîtrise, le centrage.

Et si ce métier était une aventure plus longue, qui allait plus loin que ce que l'on imagine. Un métier qui change votre vie et beaucoup de choses autour de vous. Parce que c'est un métier que l'on ne quitte pas le soir pour une autre attitude, mais qui modifie votre comportement de vie, vos relations, votre regard sur la vie, sur les autres.

Être coach est un art de vivre. Pratiquer ce métier, le vivre est de l'ordre de la passion, de la foi. Plus que devenir coach, il s'agit d'être coach.

Et si c'était un accomplissement de soi, une renaissance en soi-même. Parce que si au début on part avec des projets et des données parentales, l'on retrouve au cours de ce cheminement ses passions, on s'autorise peu à peu à vivre qui l'on est, on renoue avec ce qu'il y a en nous, ce qui était en nous depuis longtemps, parfois depuis toujours.

ANNEXE

Ce qu'ils en disent, ce qu'ils en pensent

Parce qu'il serait aussi gênant que fastidieux de tous les citer, nous avons eu la difficile tâche de ne sélectionner que quelques témoignages en espérant qu'ils soient le juste reflet de l'expression de tous.

Au travers de quelques lignes, parfois plus, quelquefois sous forme de questions-réponses, peut-être pour ne rien oublier, ou bien encore au fil d'un beau et long voyage créatif vers le coaching, un grand nombre d'entre eux nous ont livré leurs ressentis, leurs joies, leurs émotions, leur perception de leur vécu en formation.

****

« J'ai trouvé au centre de cette formation, du cœur et une véritable posture d'accompagnement pour les stagiaires. Un suivi et un soutien de tous les instants qui sont des gages de réassurance pour l'apprenant.

Ce qui m'avait manqué dans d'autres écoles comme :

les supervisions, le coach-référent, le coaching
à vivre de l'intérieur, le stage et son mémoire, je les ai trouvés ici (et maintenant). »

Patrick

****

« *J'ai connu mon école à un virage de mon projet professionnel, je quittais le statut de salarié pour entamer une seconde vie professionnelle en tant qu'indépendante.*

Cela a été difficile et laborieux de trouver l'école de coaching qui me correspondait... Il y a pléthore d'écoles et de propositions sur le marché et quand on ne connaît pas le domaine (ce qui était mon cas), comment comparer et choisir ?

Mes critères de choix étaient multiples, mais les principaux résidaient dans la qualité de la formation et de l'accompagnement, mais aussi dans la dimension humaine de la structure ainsi que la pluridisciplinarité de ses enseignements. Ce dernier point était, pour moi, une garantie d'une vision non dogmatique et/ou sectaire.

Et je suis ravie de mon choix !

J'ai trouvé des personnes ouvertes et à l'écoute qui m'ont apporté non seulement des connaissances, mais aussi des pistes de réflexion sur moi et sur les autres.

Cette formation, que j'ai complétée par une démarche de master en accompagnant des élèves, m'a permis de découvrir, non seulement un métier, mais aussi une autre vision du monde me permettant de comprendre le sens de : "à chacun sa carte du monde !"

Aujourd'hui, après quelques années de pratique, je sais que je ne sais pas grand-chose et qu'il me reste beaucoup à apprendre… mais que les bases que j'ai acquises me donnent la capacité d'avancer et de progresser ! »

Brigitte

****

« Chaque "apprenti" coach est comme une pierre à un édifice. L'architecte en dessine les concours, élabore le processus pour que chaque pierre ait son importance.

C'est l'ensemble qui est robuste.

Le coaching, s'il permet aux coachés d'atteindre ses objectifs et donne au Coach plus qu'une raison de vivre: c'est un propre regard sur soi même qui l'engage sur un chemin de profond respect de l'être humain et de découverte de soi à travers l'autre, et pour l'autre. »

Jean-Michel

****

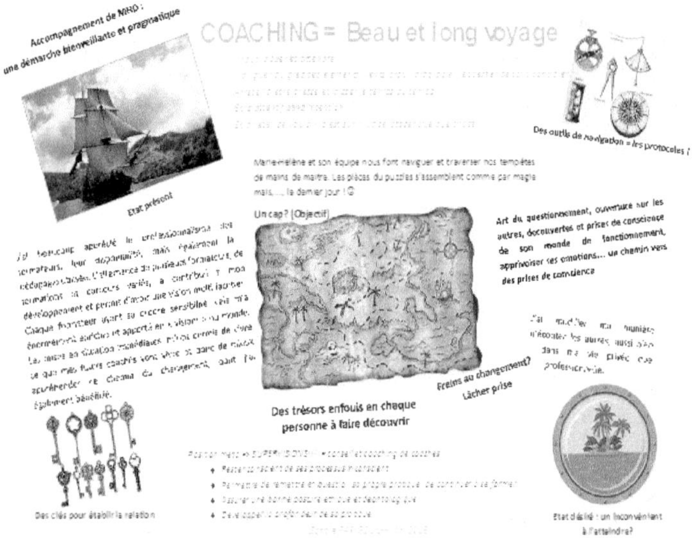

****

« Que transmettons-nous à l'école ?

- *Une vision du monde élargie et pleine de promesses*

Quelle vision du coaching ?

- *Un outil formidable pour accompagner et faire se révéler des talents*

Comment transmettons-nous ?

- *Dans la bienveillance, avec une pédagogie basée sur l'expérimentation personnelle et personnalisée*

Quel a été votre vécu pendant la formation ?

- *Un très bon souvenir qui a changé ma vision du monde, riche de moments forts sur le plan personnel et relationnel dans un climat de bienveillance.*

Qu'avez-vous appris ?

- *À être alignée et à le rester !*

Qu'est ce que votre formation vous a apporté, a changé dans votre vie ?

- *J'ai appris à me connaître, à respecter mon intégrité, à relever des défis et ce n'est pas fini…*

Ma vie a pris une autre tournure, car j'accepte "ma mission" au sens de DILTS. »

Marie

****

« Ce parcours d'une année, je l'ai vécu, rétrospectivement, comme un tsunami, premièrement par les réponses percutantes trouvées dans les cours, relatives aux différents points de blocages dans ma propre vie. Ce fut un premier et puissant moteur. L'avant et l'après dans ma vie grâce à ces clés redoutables du coaching et les mises en pratique in situ.

Pour ce qui est de la transmission, je pourrais résumer l'esprit des coachs-enseignants par une détermination en douceur, par un programme concis et ciselé, avec une vision ouverte sur l'ensemble des pratiques.

Deuxièmement, le mémoire, commencé dès le début du cursus avec des coachés cobayes, nous permet de revêtir l'habit du coach immédiatement, de nous lancer en expérimentant tout de suite cette aventure d'accompagnement, avec les filets des supervisions, et si une clientèle de coachés a démarré pour moi dès la sortie (cadres dirigeants dans l'industrie, groupes d'assurances, personnes privées...), c'est certainement grâce au fonctionnement "du jetez – vous à l'eau" sans lequel j'aurais forcément procrastiné, qui pourrait s'appeler aussi les Travaux pratiques contre les peurs et dieu sait que je les éprouvais ! »

Mais surtout, je dirais que l'esprit de partage et de générosité constitue certainement l'esprit maison. Je garde des souvenirs très forts au cours d'exercices, d'échanges, et de fous rires.

Actuellement, si je me lance un nouveau challenge pour les mois à venir (site, etc.), je garde un sentiment de sécurité pour avoir choisi comme point de départ mon école, dont l'enseignement reste une base solide pour la professionnelle que je suis devenue, une matière magnifique à fructifier sans cesse. »

Sabine

****

« Transmettre c'est un métier, la transmission du métier de Coach… c'est de l'art ! L'art de la bienveillance

L'éveil de la conscience, l'école de l'humilité… se révéler à soi, pour se révéler aux autres. J'ai évolué, ma vision du monde a changé, mon rapport à l'autre également.

Être coach ne s'improvise pas ! L'école

Vous l'apprendra. »

Carole

****

« Que transmettons-nous à l'école ?

• Pour cela, j'aurais envie de dire, E.T.C., comme, etc.

E pour Envie : L'envie d'être coach,

T pour Technique : Les techniques pour nous permettre d'accompagner la personne,

C pour Capacité : La capacité à démystifier ce processus, à le rendre accessible à tout un chacun qui s'investit dans une formation de coaching.

Pourquoi, E.T.C. comme etc., parce que l'histoire ne s'arrête pas là, il y a un avant, un pendant, mais aussi un après, c'est l'envie de continuer à avancer vers ce chemin d'accompagnement de la personne.

Quelle vision du coaching ?

• Une vision que je qualifierais d'humaniste. La vision d'un coaching où certes il y a des "protocoles", mais autour de ceux-ci, il y a aussi la synchronisation, l'écoute active et le respect de l'écologie du coach et du coaché.

Comment transmettons-nous ?

• C'est une transmission de manière naturelle et bienveillante des différents outils servant à l'accompagnement, avec en toile de fond un canevas théorique, tout cela bien ficelés dans le temps et dans l'espace.

Quel a été votre vécu pendant la formation ?

- *Que du bonheur ai-je dit pendant 6 mois, un bonheur sans nuage.*

6 mois se sont écoulés entre la fin de la formation présentielle et la certification. Je pensais avant le démarrage de celle-ci que cela allait être très long. Il n'en fut rien, chaque moment a été utilisé pour continuer à grandir dans cet apprentissage de coaching.

Qu'avez-vous appris ?

- *J'ai appris que la définition de l'objectif est le point crucial du coaching. Sans objectif, il n'y a point de coaching au sens littéral du terme. Un coaching c'est partir d'un point A pour aller vers un point B, tout en sachant que, et l'objectif, et les moyens pour atteindre l'objectif, appartiennent à la personne et non au coach. Je retiendrais aussi cette image, le passage de bébé à adulte. Le bébé dit j'ai envie, l'adolescent dit je veux, et l'adulte dit je fais. Le coach a le rôle du parent, il aide l'enfant que nous sommes à grandir jusqu'à ce que celui-ci vole de ses propres ailes et tout cela dans un espace de temps déterminé.*

Qu'est ce que votre formation vous a apporté ?

- *Une expérience hors du commun.*

La formation, comme elle passe par l'expérimentation, permet de voir, de ressentir, d'observer l'effet du coaching sur soi, cela permet de mieux mesurer que, quel que soit la situation, il y aura un avant, un pendant et un après.

Si une personne n'a pas envie de changer, elle ne pourra pas changer et il ne nous appartient pas de la forcer à aller là où elle ne veut pas aller.

En coaching, on n'a donc rien à vouloir

Qu'est-ce qui a changé dans votre vie ?

- *Tout et rien à la fois*

Pourquoi rien : l'enveloppe qui me constitue est toujours la même, physiquement je n'ai pas changé, par contre le contenu de la lettre qui est à l'intérieur n'est plus le même. Certains auront été un peu déstabilisés par cela, mais très vite, ils se sont laissés porter par les nouveaux mots qui y étaient écrits. »

Christine

TABLE DES MATIÈRES

Achevé d'imprimer en mars 2017
sur les presses de la Nouvelle Imprimerie Laballery
58500 Clamecy
Dépôt légal : mars 2017
Numéro d'impression : 703003

Imprimé en France

La Nouvelle Imprimerie Laballery est titulaire de la marque Imprim'Vert®